Gestión del tiempo, recursos e instalaciones

Lidia Herrera Madiedo

ic editorial

Gestión del tiempo, recursos e instalaciones
© Lidia Herrera Madiedo

1ª Edición

© IC Editorial, 2023

Editado por: IC Editorial
c/ Cueva de Viera, 2, Local 3
Centro Negocios CADI
29200 Antequera (Málaga)
Teléfono: 952 70 60 04
Fax: 952 84 55 03
Correo electrónico: iceditorial@iceditorial.com
Internet: www.iceditorial.com

ISBN: 978-84-1184-276-1
Depósito Legal: MA 1797-2023

Impresión: PODiPrint
Impreso en Andalucía – España

Nota de la editorial: IC Editorial pertenece a Innovación y Cualificación S. L.

Presentación del manual

El **Certificado de Profesionalidad** es el instrumento de acreditación, en el ámbito de la Administración laboral, de las cualificaciones profesionales del Catálogo Nacional de Cualificaciones Profesionales adquiridas a través de procesos formativos o del proceso de reconocimiento de la experiencia laboral y de vías no formales de formación.

El elemento mínimo acreditable es la **Unidad de Competencia.** La suma de las acreditaciones de las unidades de competencia conforma la acreditación de la competencia general.

Una **Unidad de Competencia** se define como una agrupación de tareas productivas específica que realiza el profesional. Las diferentes unidades de competencia de un certificado de profesionalidad conforman la **Competencia General,** definiendo el conjunto de conocimientos y capacidades que permiten el ejercicio de una actividad profesional determinada.

Cada **Unidad de Competencia** lleva asociado un **Módulo Formativo,** donde se describe la formación necesaria para adquirir esa **Unidad de Competencia,** pudiendo dividirse en **Unidades Formativas.**

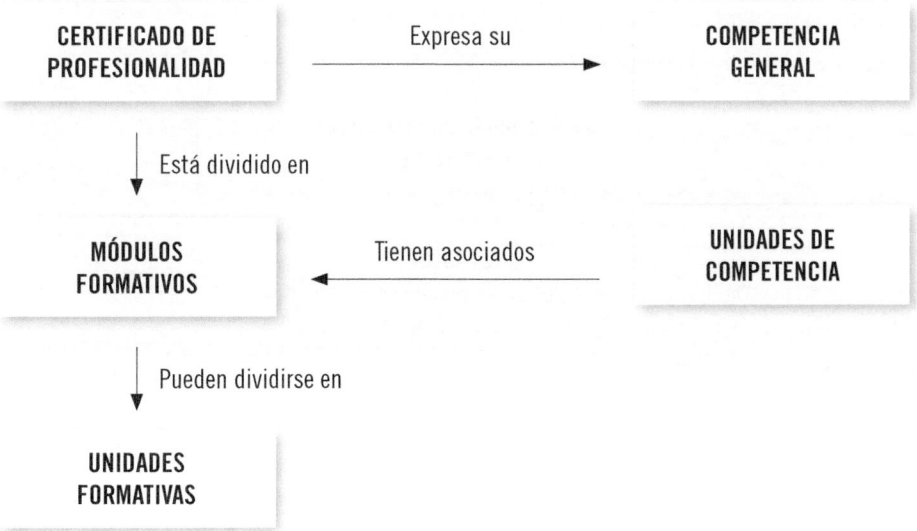

El presente manual desarrolla la Unidad Formativa **UF0324: Gestión del tiempo, recursos e instalaciones,**

perteneciente al Módulo Formativo **MF0983_3: Gestión de reuniones, viajes y eventos,**

asociado a la unidad de competencia **UC0983_3: Gestionar de forma proactiva actividades de asistencia a la dirección en materia de organización,**

del Certificado de Profesionalidad **Asistencia a la dirección.**

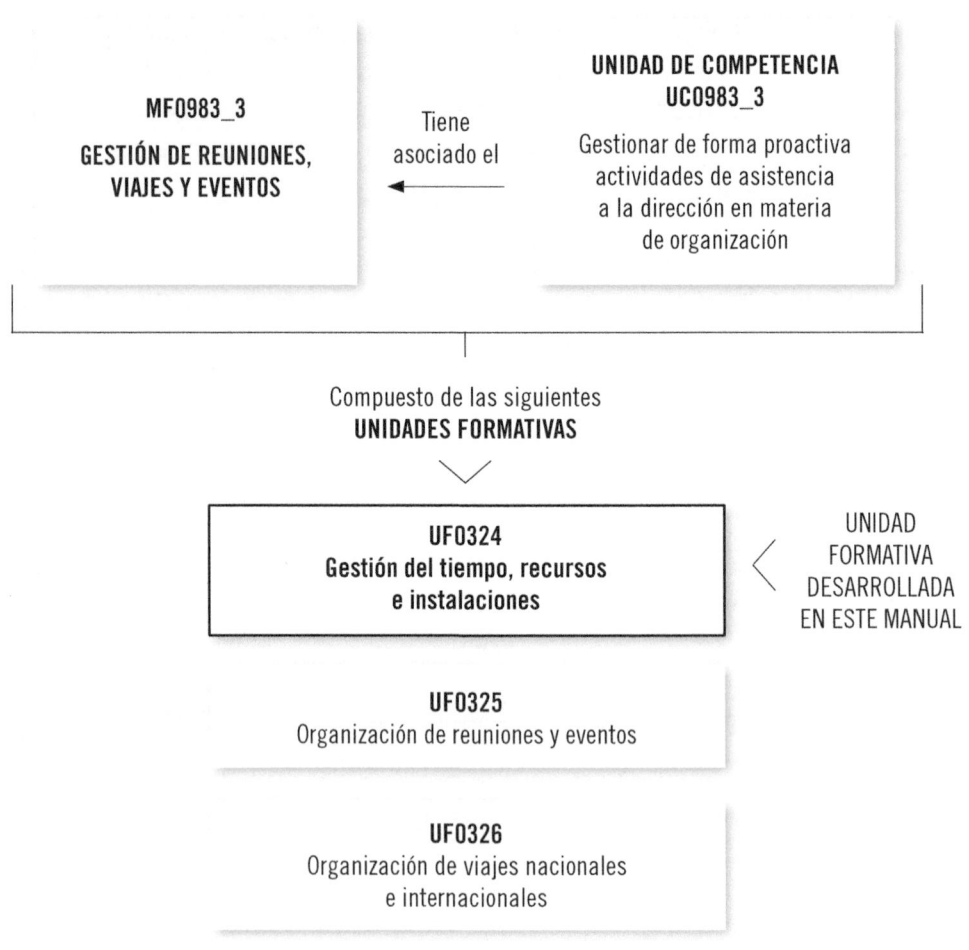

FICHA DE CERTIFICADO DE PROFESIONALIDAD

(ADG0108) ASISTENCIA A LA DIRECCIÓN (R. D. 1210/2009, de 17 de julio, modificado por el R. D. 645/2011, de 9 de mayo)

COMPETENCIA GENERAL: Gestionar las informaciones y comunicaciones, internas y externas, relacionadas con los responsables y órganos de la dirección utilizando, en caso necesario, la lengua inglesa y/u otra lengua extranjera, manteniendo el archivo propio de la secretaría de dirección, así como asistir a la dirección en el desarrollo y ejecución de las actividades de organización delegadas por la misma, con visión global y pro-actividad, según los objetivos marcados y las normas internas establecidas.

Cualificación profesional de referencia		Unidades de competencia	Ocupaciones o puestos de trabajo relacionados:
ADG309_3 ASISTENCIA A LA DIRECCIÓN (R. D. 107/2008 de 1 de febrero)	UC0982_3	Administrar y gestionar con autonomía las comunicaciones de la dirección	• 3411.002.9 Secretario/a de dirección • 3411.001.0 Secretario/a en general • Asistente a dirección
	UC0983_3	Gestionar de forma proactiva actividades de asistencia a la dirección en materia de organización	
	UC0986_3	Elaborar documentación y presentaciones profesionales en distintos formatos	
	UC0984_3	Comunicarse en inglés, con un nivel de usuario competente C1 (usuario competente dominio operativo eficaz -nivel avanzado-), en las actividades de asistencia a la dirección	
	UC0985_2	Comunicarse en una lengua extranjera distinta del inglés, con un nivel de usuario independiente B2 (usuario avanzado equivalente a un intermedio alto), en las actividades de asistencia a la dirección	

Correspondencia con el Catálogo Modular de Formación Profesional

Módulos certificado	Unidades formativas	Horas
MF0982_3: Administración y gestión de las comunicaciones de la dirección		80
MF0983_3: Gestión de reuniones, viajes y eventos	UF0324: Gestión del tiempo, recursos e instalaciones	30
	UF0325: Organización de reuniones y eventos	60
	UF0326: Organización de viajes nacionales e internacionales	30
MF0986_3: Elaboración, tratamiento y presentación de documentos de trabajo	UF0327: Recopilación y tratamiento de la información con procesadores de texto	60
	UF0328: Organización y operaciones con hojas de cálculo y técnicas de representación gráfica en documentos	40
	UF0329: Elaboración y edición de presentaciones con aplicaciones informáticas	40
MF0984_3: Inglés profesional para la asistencia a la dirección	UF0330: Interpretación de las actividades orales y escritas de asistencia a la dirección en lengua inglesa	30
	UF0331: Interacciones orales en el entorno empresarial en lengua inglesa	50
	UF0332: Elaboración de documentación socio-profesional en lengua inglesa	30
MF0985_2: Lengua extranjera profesional distinta del inglés para la asistencia a la dirección		80
MP0076: Módulo de prácticas profesionales no laborales		80

Índice

Capítulo 3
La agenda

Capítulo 1

La organización y planificación del trabajo

Contenido

1. Introducción

El ejercicio de la función del servicio de secretariado ha variado enormemente en los últimos años. Así, el asistente a la dirección ha pasado de ser un profesional escasamente cualificado que realizaba tareas simples y repetitivas, a desempeñar funciones con un alto nivel de responsabilidad: elabora informes, recibe a clientes nacionales e internacionales, filtra llamadas, organiza reuniones y viajes, etc.

El asistente a la dirección resuelve de forma diaria los asuntos o necesidades del superior jerárquico o directivo: planifica y programa su agenda, concluye alguna de sus tareas, evita que este sea molestado en determinadas ocasiones, etc., lo que lo convierte en un colaborador muy cercano e importante.

La incorporación de las nuevas tecnologías a las actividades de secretariado ha venido a fomentar aún más la importancia de estos profesionales en las modernas organizaciones, por lo que también se les exige una elevada cualificación profesional.

Todo el mundo sabe que el tiempo es un recurso muy valioso que determina enormemente el desarrollo de la actividad laboral. Así, la jornada diaria suele ser de ocho horas, la semanal de cuarenta, la organización impone horarios, plazos de entrega, periodos de descanso entre jornadas, ritmos y turnos de trabajo, etc. Todo ello ejerce una gran influencia en la vida del trabajador, ya que el tiempo que pasa trabajando se lo resta a su vida personal y familiar.

De la importancia de organizar y gestionar el tiempo correctamente da una idea la famosa frase del norteamericano **Benjamín Franklin** en **1748, "recuerda que el tiempo es dinero",** cuyo significado y alcance se mantiene hasta la fecha.

Por ello, el objetivo de este capítulo es ofrecer al asistente a la dirección toda la información necesaria para organizar el trabajo optimizando el tiempo dedicado al mismo.

2. Eficiencia, eficacia y efectividad. Umbral de Rentabilidad de la actividad del secretariado. Productividad

La idea de productividad está íntimamente unida a los siguientes conceptos: eficacia, eficiencia y efectividad. A continuación se explicará el significado de cada uno de ellos.

La **eficacia** hace referencia a la consecución de aquellos objetivos que la persona se ha propuesto alcanzar. Normalmente, la eficacia va unida a la obtención de un resultado determinado.

La **eficiencia** implica el logro de esos objetivos (sin desviaciones negativas) optimizando la utilización de los recursos disponibles, es decir, se realiza en el menor tiempo posible y a un coste económico mínimo. De esta forma, la tarea programada se desarrolla adecuadamente consumiendo una mínima cantidad de recursos.

 Ejemplo

Un asistente a la dirección eficaz ha conseguido organizar los tres viajes que su jefe había planificado realizar, ha elaborado quince informes pendientes y archivado todos los documentos de la semana. Pero además, lo ha hecho con eficiencia, ya que todo se ha desarrollado en el menor tiempo posible, evitando alargar las conversaciones telefónicas más de lo necesario, obteniendo la información de forma rápida mediante una adecuada gestión del archivo y organizando los viajes con suficiente antelación, lo que también ha reducido el coste económico de la gestión.

Por último, se podría afirmar que la **efectividad** es el nivel de consecución de los resultados u objetivos deseados. Ahora bien, cuantificar o evaluar el grado de consecución de dichos objetivos no es tarea fácil. Por ello, para poder saber si la organización es **productiva,** es necesario que esta defina previamente cuáles son sus metas y objetivos.

Por otro lado, algunos investigadores evalúan el nivel de efectividad de una organización teniendo en cuenta otros factores, por ejemplo, si el funcionamiento interno o los procesos comunicativos en la empresa son adecuados, o midiendo el grado de satisfacción de trabajadores, clientes y proveedores.

 Actividades

1. Proponer algunas medidas concretas que puede aplicar en su trabajo el asistente a la dirección para conseguir ser más eficaz y eficiente.

2.1. Umbral de Rentabilidad de la actividad de secretariado

El **Umbral de Rentabilidad o Punto Muerto** en la actividad de secretariado sería aquel en el que se igualan los **ingresos** derivados de las tareas realizadas con los **costes totales (costes fijos y variables)** incurridos en la realización de dichas tareas.

 **Definición**

Umbral de Rentabilidad o Punto Muerto
Cantidad mínima de producto que una empresa debe vender a un precio determinado para que los ingresos derivados de las ventas cubran la totalidad de los costes fijos y variables.

Los **Costes Fijos Totales (CF)** son aquellos que se generan con independencia de la producción que obtenga la empresa, es decir, existen aunque la empresa esté cerrada y no esté generando actividad alguna. Por ejemplo: el recibo de la luz, los salarios, el alquiler del local, etc.

Los **Costes Variables (CV unitarios)** son aquellos que se generan en función de la producción obtenida por la empresa, en consecuencia, no existirán estos costes si la empresa está cerrada, y serán mayores cuanto mayor sea la productividad empresarial. Por ejemplo: gastos de teléfono, papel consumido, energía consumida mientras el ordenador está encendido, etc.

Si se suman los Costes Fijos y los Costes Variables se obtiene el **Coste Total de Producción (CT):**

$$CT\,(Q) = Cf + Cv\,(Q)$$

Los **Ingresos Totales (I)** que obtiene la empresa se obtienen multiplicando el número de **unidades** vendidas **(Q),** multiplicado por el **Precio de Venta Unitario (P)** de esas unidades, así, se puede expresar su función:

$$I = P \times Q$$

La función de secretariado no interviene directamente en la actividad de producción y venta, pero su buen hacer repercutirá de forma indirecta en el aumento de dicha productividad y la generación de beneficios empresariales.

Para determinar el Punto Muerto o Umbral de Rentabilidad se igualan las funciones de **Ingresos Totales (I) y Costes Totales (CT).** Se recuerda que en este punto, los ingresos totales que se obtienen con las ventas derivadas de la actividad empresarial cubren la totalidad de costes totales en que se ha incurrido durante dicha actividad.

I = CT, por lo que, **P x Q = Cf + CVu x Q**

Así,

$$Q = \frac{Cf}{P - CVu}$$

En la siguiente gráfica se puede observar dónde se sitúa el "Punto Muerto o Umbral de Rentabilidad" **(Q).** Este punto representa el número mínimo de unidades que la empresa necesita producir y vender para que el beneficio obtenido sea cero. Si se vende un número mayor, la empresa empieza a obtener beneficios, pero por debajo del mismo, se incurrirá en pérdidas.

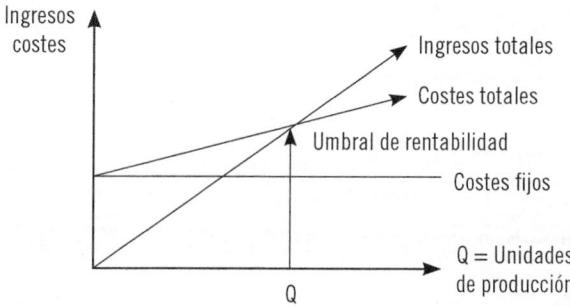

El "Umbral de Rentabilidad" sería un indicador de la eficacia, pero cuando este se supera, es una muestra clara de que el trabajo está siendo desempeñado de forma eficiente.

 Aplicación práctica

Una abogada que trabaja en la empresa de asesoría laboral Asesores Guadaira, S.L. está cobrando un sueldo de 2.500 € mensuales, trabajando a jornada completa. La empresa tiene unos costes fijos de 55.000 €, y unos costes variables de 350 € al mes.

Continúa en página siguiente >>

<< Viene de página anterior

Calcule el "Punto Muerto o Umbral de Rentabilidad" de la empresa.

SOLUCIÓN

Aplicando la fórmula:

$$Q = \frac{Cf}{P - CVu} \quad \frac{55.000}{2.500\ € - 350\ €} \quad 25,58\ \text{servicios}$$

Es decir, la abogada deberá realizar 26 servicios como mínimo para alcanzar el Punto Muerto o Umbral de Rentabilidad.

La relación entre la cantidad de producto obtenida (producción total) y la cantidad de factores o recursos que se emplean en su producción se conoce con el nombre de **productividad,** y es el resultado de aplicar la siguiente fórmula:

$$\text{Productividad} = \frac{\text{Cantidad de producción obtenida}}{\text{Recursos o factores empleados}}$$

Los factores de producción serían todos aquellos recursos que se emplean en la fabricación de bienes o prestación de servicios (trabajo, terrenos, maquinaria, recursos financieros, etc.).

Cuando una empresa consigue aumentar su producción empleando la misma cantidad de recursos, o bien mantener la misma producción con un menor consumo de productos, se puede afirmar que está produciendo de forma eficiente.

También se puede explicar la productividad sustituyendo los factores empleados por el factor tiempo. Es decir, la organización es eficiente porque produce más cantidad de producto en menos tiempo.

 Aplicación práctica

Las empresas X, Y y Z, dedicadas a la fabricación y venta de artículos de baño, han presentado los siguientes datos durante el ejercicio del año anterior:

I Empresa X: facturó por un importe de 2.500 €, con una inversión en factores de producción de 900 €.
I Empresa Y: facturó por un importe de 1.900 €, con una inversión en factores de producción de 500 €.
I Empresa Z: facturó por un importe de 3.000 €, con una inversión en factores de producción de 1.900 €.

Calcule la productividad de cada empresa indicando cuál de las tres es más productiva.

SOLUCIÓN

$$\text{Empresa X} = \frac{2.500 \text{ €}}{900 \text{ €}} = 2,7$$

$$\text{Empresa Y} = \frac{1.900 \text{ €}}{500 \text{ €}} = 3,8$$

$$\text{Empresa Z} = \frac{3.000 \text{ €}}{1.900 \text{ €}} = 1,6$$

La empresa Y es la más productiva.

En este apartado se han abordado una serie de conceptos económicos que son difícilmente aplicables a determinadas actividades laborales. ¿Cómo se puede cuantificar el trabajo de un secretario o secretaria en términos de productividad? En este tipo de profesiones, el resultado no es algo tangible, como piezas fabricadas u operaciones realizadas, sino que se valoran otras cualidades personales del trabajador: empatía, asertividad, capacidad de comunicación, organización, etc.

 Actividades

Calcular la productividad de las siguientes empresas, dedicadas a la fabricación de piezas de motor.

	FAST MOTOR	SLOW MOTOR
Horas de Trabajo	1.710 horas/año	1.700 horas/año
Número de trabajadores	25	34
Coste de mano de obra	11 €/hora	15 €/hora
Maquinaria	95.000 €	110.000 €
Pago alquiler anual	10.000 €	9.000 €
Producción anual en piezas	8.000 piezas	12.000 piezas
Precio de venta de cada pieza	25 €/pieza	15 €/pieza

3. Medios y métodos de trabajo

El **estudio del trabajo** es llevado a cabo por la dirección de una empresa con la finalidad de identificar los posibles fallos en el sistema de organización de la misma, e introducir posibles mejoras. Abarca varias técnicas, siendo las más importantes el Estudio de Métodos de Trabajo, y la Medición del Tiempo de Trabajo.

El **Estudio de Métodos de Trabajo** analiza las distintas formas de llevar a cabo la actividad laboral. Para ello se efectúa un examen y registro de todas las tareas que se realizan en el puesto trabajo y la forma en que estas se ejecutan.

Nota

El registro de actividades se realiza fundamentalmente utilizando gráficos y diagramas.

Son objeto de estudio, fundamentalmente, las actividades que realiza el trabajador, la maquinaria, equipos, materiales o herramientas que utiliza habitualmente, y los movimientos que realiza durante el desarrollo de la tarea.

Una vez finalizado el estudio, si se detectan deficiencias o fallos en la ejecución del mismo, se introducen las mejoras oportunas. Por ejemplo, eliminar o reducir un posible riesgo para la salud del trabajador, modificar los equipos de trabajo, proponer incentivos, etc.

El trabajador debe recibir suficiente formación e información acerca del nuevo método de trabajo implantado.

4. La planificación como hábito

A raíz de la Revolución Industrial se persigue aumentar la productividad y el rendimiento en las empresas. Por ello, a finales del siglo XIX y principios del XX, surgen una serie de estudios y teorías relativas a la organización del trabajo. Uno de sus principales exponentes fue **Frederick Winslow Taylor,** un ingeniero norteamericano nacido en 1856. En 1911 publica *Los Principios de la Organización Científica (The Principies of Scientific Management),* convirtiéndose de este modo en el ideólogo de la **Organización Científica del Trabajo.**

El principal objetivo de F.W. Taylor fue aumentar la productividad en las empresas reduciendo los costes de producción.

A continuación se resumirán las principales conclusiones de sus estudios:

- Cada obrero recibe órdenes de diversos jefes, cada uno especializado en una materia. Es decir, adopta un **modelo de organización funcional.**
- **División del trabajo.** Cada obrero se especializa en una función determinada.
- Diseñó un sistema de **primas o incentivos** a la producción con el objetivo de aumentar la productividad empresarial.
- Realizó un **estudio de tiempos de trabajo** cuyo objetivo era eliminar los tiempos muertos.
- Taylor destacaba las **funciones de planificación, organización, coordinación y control** entre las funciones esenciales del directivo.

 Sabía que...

Henry Ford, fundador de la compañía Ford Motor Company, fue el padre de la producción en cadena.

Se ha afirmado anteriormente que un buen asistente a la dirección debe ser eficiente en la realización de sus tareas. Pues bien, para administrar correctamente el tiempo de trabajo es fundamental planificar todo aquello que se pretende realizar, lo que contribuirá a minimizar las dudas e incertidumbres respecto al futuro.

A la hora de llevar a cabo la planificación del tiempo de trabajo es importante hacer una serie de consideraciones:

- Definir los **objetivos** a alcanzar. Estos objetivos han de ser concretos y posibles.
- Identificar aquellas **actividades, procedimientos o tareas** que contribuirán al logro de esos objetivos.
- **Programar** la realización de dichas tareas, a ser posible por escrito. La programación implica establecer el tiempo y los recursos necesarios para el desarrollo de las mismas, así como el momento en que estas

actividades serán realizadas. Es importante fijar plazos de realización realistas, de acuerdo a las capacidades reales. Para ello se tendrá en cuenta el ritmo biológico personal y la dificultad de las tareas.

■ Definir la mejor manera de **utilizar los recursos** necesarios para la consecución de los objetivos.

■ **Anticiparse** a la aparición de problemas, y no pensar en cómo resolverlos cuando estos se han materializado.

■ **Agrupar tareas** similares que puedan ser resueltas de forma conjunta.

■ Analizar las **posibles desviaciones** producidas en la planificación o programación. Si es necesario, volver a realizarla incluyendo algunas propuestas de mejora.

■ Tener siempre presente y **a la vista** la planificación. No sirve de nada elaborarla si después no se tiene en cuenta o se olvida en algún cajón.

■ La planificación ha de ser **diaria, semanal, mensual o anual.**

 Actividades

3. Explicar en qué se diferencia la planificación de la programación. Exponer algún ejemplo práctico de cada una aplicado a la actividad del asistente a la dirección.
4. Describir grupos de actividades similares que puedan ser realizadas por el asistente a la dirección de forma conjunta y explicar por qué.

4.1. El lugar de trabajo. La oficina y su organización

En párrafos anteriores se ha explicado que la planificación contempla la adecuada utilización de los recursos de los que dispone el asistente a la dirección. Para ello se enumeran algunos elementos básicos de la oficina, seguidos de algunas pautas relativas a su organización.

Mesa-escritorio

El asistente a la dirección debe ordenar y organizar de forma diaria su mesa-escritorio. De esta forma se evitará perder tiempo buscando ese documento que no se encuentra por haberlo dejado olvidado en "algún lugar".

La superficie de la mesa-escritorio debe tener espacio libre suficiente para colocar los documentos con los que se trabaja. Esto no sucede cuando se acumulan papeles encima de la mesa de forma desordenada.

 Recuerde

En la mesa-escritorio deben ser colocados únicamente aquellos documentos en los que se está trabajando.

En el despacho del asistente a la dirección existe un flujo de documentación continuo. Se puede optimizar el uso del tiempo si se trabaja cada documento una sola vez. Es decir, si se recibe una factura, se archiva, si se abre una carta, se contesta, etc. Aunque esto no siempre es posible.

Otra regla básica para optimizar el uso del tiempo es desarrollar una sola tarea. Las interrupciones o *murphys* provocan frecuentemente que el asistente a la dirección quiera atender varias tareas al mismo tiempo. Es importante organizar adecuadamente el desarrollo de las tareas y no comenzar una nueva hasta que no se haya finalizado la anterior.

Ordenador personal

El uso de las aplicaciones informáticas supone un ahorro considerable de tiempo y papel, lo que ha supuesto un cambio sustancial en las tareas de secretariado. Por ejemplo, el archivo en soportes digitales evita la acumulación de grandes cantidades de documentos, al tiempo que facilita la localización de los mismos.

Es aconsejable dividir o clasificar los asuntos en carpetas, debidamente identificadas.

El uso del correo electrónico ha sustituido, en gran parte, al correo tradicional. Es conveniente abrir el correo únicamente cuando se dispone de tiempo para contestar a los mensajes. Se debe dedicar un tiempo durante el día a la realización de esta tarea.

Archivo

El archivo del asistente a la dirección permite no solo almacenar los documentos con los que este trabaja, sino también localizarlos de forma inmediata cuando sea necesario. Para ello es necesario que el sistema de clasificación del archivo sea sencillo y fácilmente comprensible.

Cuando se retira un documento del archivo se debe anotar quién lo está utilizando y en qué departamento se encuentra. Asimismo, se debe volver a colocar en su sitio inmediatamente después de haberlo utilizado.

Papelera

A lo largo del día, un secretario recibe gran cantidad de papel. Una de sus funciones es determinar y clasificar cuál debe ser eliminado. En las tareas de secretariado es muy importante la organización y el orden. Pues bien, evitar acumular papeleo inútil e innecesario es un factor clave en esta función.

4.2. Preparación previa de la jornada de trabajo

Cuando se ha elaborado la planificación semanal, mensual o anual, se lleva a cabo la planificación diaria. Esta determina las actividades o tareas a desarrollar durante la jornada de trabajo, y ha de elaborarse con carácter previo al comienzo de la misma.

La planificación de la jornada de trabajo se ha de realizar en los últimos minutos del día anterior. Para ello es importante anotar en la agenda todo aquello que será necesario recordar al día siguiente.

Los primeros quince minutos del día se dedicarán a revisar aquello que se ha planificado, pudiendo determinar el orden de prioridades más adecuado. No se debe comenzar un día de trabajo improvisando aquello que se va a hacer.

 Actividades

5. Explicar cuál es su opinión sobre aquellos profesionales de la actividad de secretariado que organizan su trabajo de forma que solo ellos saben dónde se encuentra cada cosa en la mesa-escritorio, en el archivo, etc.

5. Priorización

Las actividades que se realizan diariamente pueden clasificarse en **importantes** y **urgentes.** Cuando el directivo entra en el despacho del asistente a la dirección y dice "esto es urgente", de forma automática se abandona lo que se está haciendo en ese momento para resolver esta tarea de forma rápida.

Es importante reflexionar acerca de si este sistema de prioridades es acertado o no. En muchas ocasiones, el personal que realiza tareas de secretariado considera urgentes determinados asuntos que, en algunas ocasiones no lo son tanto, pero sí son percibidos como tal. De esta forma, las tareas importantes son continuamente aplazadas, ya que se considera que estas no requieren de una acción inmediata, es decir, no son urgentes.

Así, se intentará diferenciar aquellas actividades consideradas **urgentes** de las **importantes.**

5.1. Lo urgente y lo importante

Las actividades **urgentes** son aquellas que no tienen efectos a largo plazo, salvo que den lugar a una crisis. Pero el concepto de urgencia tiene tal repercusión, que algunas personas se creen obligadas a atender este tipo de tareas de forma compulsiva e inmediata. Y el tiempo que se consume resolviendo asuntos urgentes se lo están restando a la resolución de tareas importantes.

Por otro lado, las cosas **importantes** sí tienen efectos a largo plazo, y sin embargo dan la sensación de que no merecen ser atendidas de forma inmediata. Es decir, no son urgentes. No obstante, son tareas que requieren una atención especial.

¿Qué criterio se debe tener en cuenta a la hora de calificar una tarea como importante? Algunos directivos consideran importantes los siguientes asuntos: aquellos que tienen una gran repercusión económica, aquellos que no se pueden delegar, etc.

Es importante clasificar las distintas tareas de forma adecuada, ya que en muchas ocasiones la percepción que se tenga de cada una puede variar según el sujeto que las define. Es sabido que "los propios problemas son más importantes porque son los nuestros".

Para ilustrar lo expuesto se utilizará la adaptación que hace **Stephen Richards Covey,** autor del libro ***Los siete hábitos de las personas altamente efectivas,*** de la **matriz de** *Eisenhower,* en la que se clasifican las tareas en función de su urgencia e importancia.

	URGENCIA	
	Urgente	**No Urgente**
Importante	**I** - Crisis. - Problemas apremiantes. - Proyectos cuyas fechas vencen.	**II** - Prevención. - Construir relaciones. - Reconocer nuevas oportunidades. - Planificación, recreación.
IMPORTANCIA **No importante**	**III** - Interrupciones, algunas llamadas. - Correo, ciertos informes. - Asuntos inmediatos, algunas reuniones. - Actividades populares.	**IV** - Trivialidades, ajetreo inútil. - Algunas cartas. - Algunas llamadas de teléfono. - Pérdidas de tiempo. - Actividades agradables.

La interpretación de la tabla sería la siguiente:

- **Importante y urgente:** exigen una acción inmediata. Se trata de tareas cuya fecha límite está a punto de finalizar, por lo que las personas que las desarrollan trabajan con un alto nivel de estrés y cansancio. Con frecuencia son originadas por una inadecuada planificación.
- **Importante pero no urgente:** como se dijo anteriormente, estas actividades tienen efectos a medio y largo plazo, por lo que deben estar adecuadamente planificadas, de lo contrario, pueden convertirse en urgentes. Debido a su trascendencia no son objeto de delegación.
- **Urgente pero no importante:** estos asuntos deben ser delegados en otros miembros del equipo, ya que no son importantes.
- **Ni importante ni urgente:** estas actividades deben ser eliminadas, ya que es preciso dedicar tiempo a las que son urgentes e importantes.

5.2. Formas de fijar prioridades

Las tareas urgentes son aquellas que han de ser realizadas de forma inmediata. Pero en muchas ocasiones se comprueba que el posponer la ejecución de una actividad urgente no ha supuesto graves consecuencias para la empresa. Pasado el tiempo, puede que esa actividad se acabe convirtiendo en algo importante. Así, existen multitud de asuntos urgentes no importantes que pueden ser delegados a otros miembros del equipo.

Existe una gran presión por la resolución de problemas que se perciben como urgentes, restando atención a aquellos que realmente son importantes. Con el tiempo, los asuntos importantes no resueltos se convierten en urgentes, y entonces estalla la crisis, ya que se ha perdido demasiado tiempo atendiendo asuntos "de última hora". En estos casos, lo importante es planificar adecuadamente la ejecución de las tareas.

 Ejemplo

Un secretario se siente agobiado ante la cantidad de trabajo diario: documentos pendientes de archivo, correos electrónicos a la espera de ser enviados, etc. Para colmo, su jefe continuamente le interrumpe con frases como: "Esto has de resolverlo de forma urgente", "por favor, tú tienes más conocimientos de ofimática" o "esto solo puedes hacerlo tú". Ante tal cantidad de interrupciones, y debido a la lealtad que siente ante su superior, no ha tenido tiempo de atender a las numerosas llamadas telefónicas que estaba recibiendo. Mientras, un importante cliente con el que la empresa estaba negociando, se ha ofendido por no ser atendido y ha decidido buscar otra empresa proveedora.

Multitud de emprendedores consideran que el éxito empresarial se encuentra en gestionar con éxito las tareas importantes no urgentes. En el ejemplo anterior, la empresa perdía un cliente por atender asuntos "urgentes". Ello supone un coste de oportunidad nada rentable. Prevenir o anticipar la aparición de problemas o aciertos futuros sería un ejemplo de actividad importante.

Otro factor que se ha de tener en cuenta a la hora de priorizar las tareas es el del grado de dificultad de las mismas. El rendimiento de los trabajadores no es algo constante, varía en función de determinadas circunstancias. Por ello conviene planificar la realización del trabajo en función de dicha evolución.

En conclusión, corresponde al asistente a la dirección establecer un sistema de prioridades adecuado en cada momento. Ha de clasificar aquellas tareas que considere urgentes o importantes, y saber decir "ahora no es posible" en aquellas situaciones en que así lo crea conveniente.

 Aplicación práctica

Un asistente a la dirección ha de realizar las siguientes tareas:

- Clasificación y entrega de correo.
- Elaborar una carta que el Departamento de Recursos Humanos necesita en ese momento.
- Llamada de un cliente solicitando información.
- Entrega de documentación fiscal a Hacienda.
- Archivo de documentos.
- Acompañar al superior jerárquico a una reunión con clientes importantes para anotar acuerdos y conclusiones.
- Filtrar llamadas irrelevantes.

A continuación clasifíquelas en función del grado de urgencia e importancia.

SOLUCIÓN

- Clasificación y entrega de correo. Urgente no importante.
- Elaborar una carta que el Departamento de Recursos Humanos necesita en ese momento. Importante y urgente.
- Llamada de un cliente solicitando información. Urgente no importante.
- Entrega de documentación fiscal a Hacienda. Importante no urgente.
- Archivo de documentos. Urgente no importante.
- Acompañar al superior jerárquico a una reunión con clientes importantes para anotar acuerdos y conclusiones. Importante no urgente.
- Filtrar llamadas irrelevantes. Ni urgente ni importante.

Actividades

6. Clasificar las siguientes tareas en función del grado de urgencia o importancia utilizando la tabla anterior:

I Archivo de documentos que han entrado esta mañana.
I Atender llamadas efectuadas a primera hora de la mañana.
I Atender a un importante cliente que espera a su jefe a primera hora de la mañana, pero este no ha llegado aún.
I Redactar el acta de una reunión que se celebró el día anterior.
I Establecer contacto con futuros proveedores.
I Un compañero interrumpe para pedir que le enseñe a utilizar el fax.
I Redactar un informe que debía haber entregado el día anterior.
I Repartir el correo.
I Establecer prioridades y tratamiento a lo largo de un día de trabajo.

6. Organización

La eficacia y eficiencia no se alcanzan si no es a través de una adecuada organización y planificación de las tareas. La implantación de un modelo organizativo es fundamental para una empresa que pretenda alcanzar los objetivos propuestos. De igual modo, un trabajador debe adoptar el principio de la organización en su trabajo para obtener el máximo rendimiento laboral. El asistente a la dirección dispone de unos recursos para desarrollar sus funciones que deben ser utilizados conforme a estos principios organizativos.

 Definición

Organizar
Consiste en planificar o proyectar la realización de algo, determinar los recursos necesarios y coordinarlos de forma que contribuyan a la consecución del objetivo propuesto.

6.1. Reagrupación y simplificación

A la hora de llevar a cabo la planificación del trabajo es aconsejable agrupar tareas semejantes o que estén relacionadas, si ello es posible. Es más fácil ejecutar de forma conjunta aquellas actividades que presentan características comunes, lo que implica un uso eficiente del tiempo. Por ejemplo, si en la planificación aparecen varias llamadas de teléfono a posibles proveedores, será más fácil realizarlas sucesivamente, ya que se dispone de la información necesaria, el listado de proveedores con los números de teléfono, etc. Lo mismo se puede decir de las tareas de archivo. Si hay que archivar documentación que no se va utilizar habitualmente, será más cómodo desplazarse una sola vez al archivo, en vez de hacerlo varias veces al día.

6.2. Distribución racional de las tareas a lo largo de la jornada

El rendimiento de un trabajador no es constante a lo largo de toda la jornada laboral. Existen factores determinantes como la edad, la fatiga (física o mental), la hora del día, el día de la semana o las características individuales del trabajador.

Es importante que el asistente a la dirección conozca los momentos de máximo rendimiento y capacidad mental, y organice y planifique sus tareas diarias en función de los mismos. Lo ideal será realizar las tareas más complicadas o que requieran un mayor grado de concentración en las horas de mayor agilidad mental.

Desgraciadamente, en muchas ocasiones no se puede elegir el horario en el que se desarrollará el trabajo, por lo que se adaptará el propio reloj biológico al horario impuesto por las empresas.

La distribución de las tareas a lo largo de la jornada debe ser algo muy personal. No obstante, se pueden establecer algunas reglas que permiten aumentar el rendimiento laboral. Para ello se tendrá en cuenta una jornada laboral partida de 8 horas diarias:

- Los primeros quince minutos del día (de 9:00 de la mañana a 9:15 horas) se dedicarán a planificar las actividades a realizar durante la jornada. Se determinará el orden de prioridades de las mismas, se agruparán las tareas similares, etc.

- En la fase inicial de adaptación a la tarea o calentamiento se deben ejecutar aquellas actividades que no requieran un alto nivel de concentración, y que sean rápidas y sencillas, ya que en estos momentos la capacidad mental del trabajador todavía no ha alcanzado el punto máximo.

- Posteriormente, en la fase de mayor rendimiento (a partir de las 10:30 horas aproximadamente), se pondrán en marcha las tareas que presenten mayor dificultad y nivel de exigencia.

- Antes de las 12:00 horas conviene descansar unos minutos. Se puede aprovechar este tiempo para tomar un café o tomar algo, ya que todavía quedan unas horas de trabajo.

- A partir de las 12:30 horas es frecuente que aparezcan las visitas, llamadas de teléfono, etc. El asistente a la dirección debe enfrentarse a estos "ladrones" de tiempo que serán estudiados en epígrafes posteriores.

- Antes de abandonar la oficina a mediodía (a las 14:00 horas) es importante ordenar el despacho y colocar la documentación en la que se ha trabajado donde proceda (archivo, bandejas de entrada y salida, papelera, etc.).

- Por la tarde (a las 16:00 horas) es aconsejable emprender tareas rutinarias y de dificultad baja o media, ya que comienza de nuevo la fase de toma de contacto.

- Finalmente, las horas finales de la jornada de trabajo (de 17:00 a 18:30 horas) suelen ser las mejores para desarrollar tareas complejas y difíciles. Ordenar y organizar la documentación en la última media hora de trabajo puede ayudar a descansar la mente al final de la jornada. Antes de abandonar el despacho se deberá planificar la jornada de trabajo del día siguiente.

 Importante

La colaboración jefe/a-secretario/a en la planificación y organización del trabajo es fundamental para gestionar el tiempo de forma eficiente.

En el siguiente **gráfico** se pueden diferenciar los momentos del día en los que se tiene una mayor capacidad mental, de aquellos en los que esta capacidad disminuye, en función de la distribución que se ha descrito anteriormente.

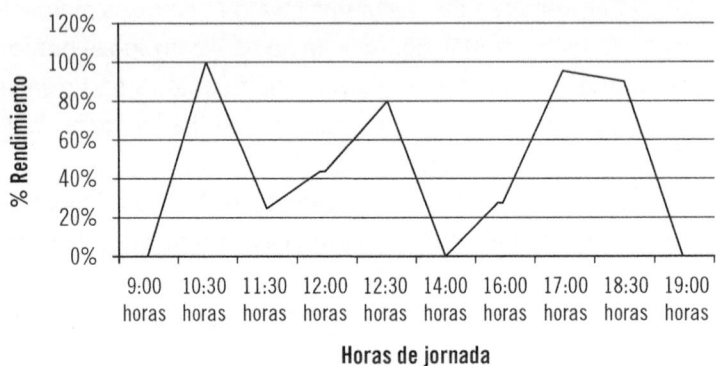

Nivel de rendimiento a lo largo de la jornada

Es obvio que esta distribución temporal de las tareas no es de aplicación universal. Como se ha dicho anteriormente, cada persona tiene su propio ritmo biológico y momentos de mayor agilidad mental, y las empresas fijarán horarios diferentes en función de sus necesidades. Por ello, el asistente a la dirección deberá adaptar la distribución temporal de las tareas a sus propias características personales.

 Actividades

8. Anotar cuáles son sus momentos de máximo rendimiento durante el día.
9. Realizar su propia distribución de las tareas a lo largo de la jornada, adaptada a su propio ritmo biológico.

7. Delegación

La **delegación de autoridad** supone la transferencia por parte de un superior de determinadas competencias o funciones propias a un subordinado. A través de la delegación, el subordinado asume las competencias delegadas, así como la responsabilidad y toma de decisiones inherentes a las mismas. De esta forma, el trabajador sobre el que recae la delegación se convierte en el responsable de las tareas delegadas. Pero el superior no puede delegar funciones o responsabilidades que no tenga.

 Definición

Delegación
Atribuir a otra persona la autoridad y responsabilidad necesaria para ejecutar actividades en representación suya.

Es recomendable que la delegación de autoridad se realice por escrito, ya que la persona en quien recae la delegación debe ser informada con claridad de aquello que debe realizar y cómo ha de llevarlo a cabo. Por otro lado, el responsable que delega parte de sus funciones en un subordinado debe definir claramente los resultados deseados, las funciones, el grado de autoridad y la responsabilidad que delega.

Ahora bien, ¿qué tareas o funciones pueden o deben ser delegadas?

- Aquellas que un subordinado o miembro del equipo de trabajo pueda realizar correctamente y para las que esté capacitado.
- Aquellas tareas fáciles o rutinarias que impidan dedicar más tiempo a otras que son más importantes o complejas.

Frecuentemente, existen miedos o reticencias por parte de algunas personas a delegar, por diferentes causas. Las más frecuentes son las siguientes:

- Consideran que sus colaboradores o subordinados no están suficientemente capacitados.
- Miedo a que la persona en que se delega obtenga mejores resultados o "deje en evidencia" a su superior.
- Excesivo perfeccionismo o control sobre las funciones.

 Recuerde

La persona en quien recae la delegación debe tener capacidad y aptitud necesaria para asumir las funciones delegadas.

Asimismo, existen muchos subordinados que no desean asumir nuevas responsabilidades por falta de motivación o iniciativa, desconfianza en sus capacidades, exceso de responsabilidad o ausencia de incentivos.

El asistente a la dirección es un colaborador indispensable en la actividad de cualquier directivo. Un elemento clave de esta colaboración sería la delegación, ya que el profesional de actividades de secretariado estaría capacitado para asumir de forma gradual algunas de las funciones que, hasta ese momento, venían siendo desarrolladas por su superior jerárquico. De esta forma, este podrá dedicarse a la realización de otras tareas.

 Actividades

10. Elaborar una lista de tareas que el directivo puede delegar en el asistente a la dirección y razonar la respuesta.

8. Control y ajuste. El control del tiempo

El tiempo es un recurso escaso que, cuando se pierde, no se recupera.

A continuación se establecerán algunos criterios de gestión y control del tiempo en la oficina.

8.1. Ladrones de tiempo

Los ladrones de tiempo suponen para el asistente a la dirección interrupciones continuas en su trabajo que debe saber afrontar de forma adecuada. Estas interrupciones también se denominan *murphys.*

Uno de los principales inconvenientes de los *murphys* es que alteran el ritmo de trabajo, desconcentran al trabajador y, en ocasiones, dan lugar a estrés laboral.

Los principales ladrones de tiempo en las empresas actuales son:

- **Las llamadas telefónicas.** El asistente a la dirección ha de saber gestionarlas de forma adecuada, y establecer filtros, principalmente los que se refieren a las llamadas dirigidas a sus superiores.
- **Visitas inesperadas,** ya provengan de personas externas a la empresa o de aquellas pertenecientes al mismo equipo de trabajo. Es frecuente que algunos compañeros acudan a pedir ayuda, realizar consultas, etc. El problema aparece cuando estas visitas se suceden de forma frecuente, impidiendo la realización de las propias tareas.
- **Reuniones.** Ya sean convocadas formalmente o espontáneas.
- **Desorden, papeleo.** Algunos trabajadores piensan que tienen tantas cosas que hacer que no pueden perder tiempo en ordenar nada, o creen que existe orden en su desorden. Nada más lejos de la realidad. Si se quiere ahorrar tiempo a largo plazo es necesario dedicar un tiempo diario a ordenar el escritorio y organizar el papeleo de entrada y salida (archivar documentación, eliminar papeleo inútil, etc.).
- **Viajes.** El asistente a la dirección debe organizar los viajes del directivo (reservar billetes de avión, hoteles, etc.), lo que implica perder tiempo

cuando no existen plazas disponibles. Por ello es importante planificarlos con suficiente antelación. Afortunadamente, hoy en día el uso de internet supone un considerable ahorro de tiempo.

■ **Las esperas.** Que hagan esperar es algo que molesta a la mayoría de las personas. En el ámbito empresarial no es infrecuente que los superiores hagan esperar a los subordinados. Además de "armarse" de paciencia durante este tiempo de espera, se pueden ir resolviendo otros asuntos, como organizar la agenda del jefe o la propia, o reflexionar detenidamente acerca de aquellos problemas para los que nunca se tiene tiempo.

 Actividades

11. Realizar por escrito aquellas medidas que se consideren adecuadas para afrontar los "ladrones de tiempo" descritos anteriormente.
12. Enumerar algún otro "ladrón del tiempo" que no se haya mencionado.

Estos son los principales ladrones del tiempo, aunque sería necesario aclarar que no se trata de una lista cerrada. A cada trabajador le afectan unos u otros en mayor o menor medida. Por ello es importante conocerlos y afrontarlos de forma adecuada, e intentar minimizar sus efectos negativos limitando el tiempo dedicado a los mismos, ya que es evidente que no se pueden eliminar.

8.2. Cálculo del valor del tiempo. Técnica de medición temporal del trabajo

Cuando se habló de **F. W. Taylor,** fundador de la Escuela del Management Científico, se explicó que uno de sus objetivos era eliminar los tiempos muertos, para lo que realizó un estudio de tiempos de trabajo. Taylor defendía que era posible medir el tiempo que necesita un sujeto para realizar un trabajo, y por ello elaboró un método que se siguió utilizando mucho tiempo después.

La Medición del Tiempo de Trabajo es una técnica del Estudio del Trabajo elaborada con la finalidad de determinar el tiempo que un trabajador necesita para ejecutar las tareas que constituyen el objeto de su contrato.

 Nota

La técnica de medición del trabajo diseñada por Taylor era aplicable al trabajo que desarrollaban los obreros o a la producción en cadena, pero no resultaba adecuada a tareas administrativas, salvo que fueran excesivamente rutinarias y mecánicas.

Se trata de una técnica complementaria al Estudio de Métodos de Trabajo, pero es posterior, ya que en su aplicación se utilizan las conclusiones obtenidas en la primera.

Consiste fundamentalmente en observar y registrar el tiempo y los ritmos de trabajo correspondientes a una actividad seleccionada. Para ello se mide el tiempo de realización de las distintas tareas desempeñadas en el puesto de trabajo con un cronómetro. Y, finalmente, se establecen tiempos estándares correspondientes al puesto de trabajo.

8.3. Métodos de optimización del tiempo

En epígrafes anteriores se han enumerado los principales ladrones de tiempo que están presentes en el ámbito empresarial. A continuación se van a exponer algunas pautas para hacer frente a estas interrupciones, ya que es evidente que no se pueden eliminar.

Llamadas telefónicas

El asistente a la dirección pasa una gran parte de su jornada laboral realizando y atendiendo llamadas, por lo que debe adoptar unas pautas de comportamiento para no perder tiempo de forma innecesaria. Para facilitar la exposición se clasificarán las llamadas distinguiendo las recibidas de las emitidas.

Llamadas recibidas

Las llamadas recibidas pueden suponer verdaderas molestias cuando se ejecutan trabajos que exigen una gran concentración. También pueden alterar el ritmo de trabajo, causando errores o despistes. Por ello es necesario afrontar este tipo de interrupciones de forma adecuada. Algunas pautas a seguir, serían:

■ Es importante que el asistente a la dirección reciba instrucciones claras acerca de cómo debe dirigirse a los interlocutores. Es imprescindible realizar un filtro de llamadas de forma que muchos asuntos podrán ser tratados directamente por ellos, sin tener que molestar al superior jerárquico.

■ Establecer horarios de llamadas. Existen determinadas horas del día que son más adecuadas para recibir llamadas. Por ello se debe informar de estos horarios a aquellas personas con las que se trata de forma habitual.

■ Al asistente a la dirección se le exige un alto grado de cortesía y amabilidad, pero esto puede dar lugar a que la duración de las llamadas se alargue en exceso. En estos casos es conveniente hacer constar que se tienen asuntos pendientes, si se hace con educación, seguro que el otro interlocutor lo entenderá perfectamente y pondrá fin a la conversación.

Llamadas emitidas

En primer lugar es necesario distinguir cuándo es realmente importante realizar una llamada telefónica. Existe información que puede ser transmitida directamente a través del correo electrónico o mediante otros cauces. Todo ello dependerá de la persona a la que va dirigida el mensaje o la importancia del mismo.

 **Importante**

Al descolgar el teléfono, el otro interlocutor debe saber con quién está hablando y el motivo de la llamada. Para ello se empleará un lenguaje fluido, claro y correcto.

Para gestionar adecuadamente la realización de las llamadas se deben seguir las siguientes reglas básicas:

- Anotar todas las llamadas que se deben realizar, así como un orden de prioridades.
- Preparar las llamadas con antelación. Es importante recopilar información en orden a la realización de las llamadas. Sería de mucha utilidad elaborar un guión o tabla en la que aparezca claramente reflejado: el número de teléfono de aquellas personas a las que hay que llamar, el asunto que se tiene que tratar con ellas, los horarios más adecuados para contactar con el interlocutor y el objetivo que se persigue con la llamada. Aunque la elaboración de este guión debe ser algo personal, algo que cada asistente a la dirección debe adaptar a sus propias necesidades.
- El asunto central de la llamada debe estar siempre presente durante el desarrollo de la conversación.
- Se deben anotar las cuestiones importantes que surjan durante la misma.

 Consejo

Se pueden hacer uso de las opciones de telefonía: rellamada, manos libre, desvío de llamadas, etc., para optimizar el tiempo.

Un modelo de registro de llamadas podría ser:

Tipo de llamada	Fecha y hora	Empresa	Nombre Interlocutor	Prioridad			Motivo o asunto	Teléfono de contacto	Hora preferente de llamada
Saliente	15-03-2023 / 12:30 horas	Asesores Guadaíra, S. L.	D. Serafín Lara	A ☐	M ☐	B ☐	Documentación IRPF	656.789.542	13:30 horas

Actividades

13. Elaborar un modelo de registro de llamadas personalizado.
14. Elaborar una lista de asuntos que pueden ser resueltos por el asistente a la dirección sin necesidad de pasar la llamada al jefe. Razonar la respuesta en cada caso.

Visitas inesperadas

La tranquilidad y concentración son necesarias para el desarrollo de cualquier tarea intelectual. Por ello, el secretario debe evitar, en la medida de lo posible, aquellas visitas inesperadas que vienen a alterar el ritmo de trabajo. Frente a estas situaciones conviene no perder la iniciativa.

Es importante establecer un día a la semana o unas horas al día para las visitas. Pero esto no siempre es posible, ya que una de las funciones de las tareas de secretariado es atender a las mismas. No obstante, existen algunas reglas que ayudan a minimizar el tiempo de las visitas:

■ Cuando los compañeros del mismo equipo acudan a pedir ayuda o consejo, es conveniente invitarlos de forma amable a resolver el problema en otro momento, o bien dejar claro que se dispone de poco tiempo, limitando el tiempo de la gestión.

■ En algunas ocasiones es aconsejable evitar que la persona se siente. Si ya se ha sentado, es recomendable levantarse con suavidad mientras se está conversando, indicándole con tacto que la visita ha concluido. El uso del lenguaje no verbal es muy importante para manejar adecuadamente estas situaciones.

 Importante

Cuando la conversación derive en cuestiones que nada tienen que ver con el asunto a tratar, hay que volver a centrarse en el objeto principal de la misma.

Reuniones

Las reuniones son los grandes ladrones del tiempo en el ámbito empresarial. Una de las principales funciones del asistente a la dirección es organizar las reuniones, por ello es importante huir de las improvisaciones y cuidar algunos detalles que se consideran fundamentales para optimizar el tiempo que se dedica a las mismas. Algunas reglas básicas a tener en cuenta son:

■ La reunión deberá ser convocada con antelación suficiente, reflejando de forma clara el día y las horas de comienzo y final de la reunión. No es aconsejable convocar una reunión los viernes o a última hora de la tarde, ya que se corre el riesgo de alargar la jornada de trabajo.

■ El lugar de celebración será, a ser posible, la sala de reuniones. De esta forma se evitarán las interrupciones inoportunas.

■ Es importante aconsejar a los miembros de la reunión que desconecten los teléfonos móviles.

■ Debe haber un reloj en un lugar bien visible de la sala, así se controlará el tiempo de la reunión.

- La presentación en *Power Point* evitará perder tiempo en escribir aquellos datos que se quiere explicar.
- El número de asistentes a la reunión dependerá de los asuntos a tratar, pero es aconsejable que no sea excesivo, ya que en estos casos se tiende a alargar la duración de las reuniones.
- El asistente a la dirección debe preparar con antelación el orden del día de la reunión, que deberá contener los asuntos a tratar y el tiempo previsto para cada uno de ellos.

Desorden, papeleo

Otra de las funciones del asistente a la dirección es gestionar la correspondencia, informes, documentación, etc., por lo que es preciso ordenar, tratar y filtrar diariamente el flujo de papeles que entra en la oficina.

Con la documentación que entra en la oficina se puede hacer lo siguiente:

- Archivarla.
- Aplazar su tratamiento si se considera que este no debe ser inmediato.
- Entregarla al jefe o al departamento que corresponda.
- Procesarla: responder a una carta, elaborar un informe, firmar lo que corresponda.
- Eliminarla, tirándola a la papelera.

 **Recuerde**

Es importante preparar previamente las llamadas y fijar un horario para realizarlas.

Actividades

15. Determinar qué se haría con la siguiente documentación que llega a un despacho:

  ▪ Publicidad de casas en venta.
  ▪ Facturas de compras del año anterior.
  ▪ Convocatoria dirigida a su jefe: reunión con el departamento de compras.
  ▪ Solicitud de un informe de su jefe al departamento legal.
  ▪ Correo certificado en el que se solicita la emisión de certificados urgentes.
  ▪ Carta dirigida al jefe en la que se le invita a un evento que tendrá lugar dentro de un mes.

8.4. El reloj biológico. La curva de actividad y de fatiga

El rendimiento de las personas, ya sea físico o mental, no se mantiene constante a lo largo del tiempo. El mayor o menor rendimiento depende de factores tales como, el momento del día, la fatiga física o mental acumulada, el grado de exigencia de la tarea, el estado de ánimo, etc.

Asimismo, el rendimiento también varía en función de las personas. Existen personas con un gran potencial físico, pero que presentan dificultades para realizar actividades que exigen un alto grado de concentración, y viceversa.

Otro factor importante a tener en cuenta son los **ritmos biológicos.** Por ejemplo, los *ritmos circadianos*, responsables de los patrones del sueño, condicionan notablemente el rendimiento del trabajador en el desempeño de su actividad laboral.

Cada persona tiene unos ritmos biológicos propios. Así, existen personas que rinden mucho en horas tempranas del día y se van pronto a dormir, y otras que prefieren trabajar a última hora de la tarde y bien entrada la noche, y levantarse tarde. En estos casos, el turno y horario de trabajo impuesto al trabajador podrá afectar de forma positiva o negativa a su rendimiento.

La realización de una actividad o tarea pasa por distintas fases de duración variable en función de las características de la persona que la ejecuta y de la propia actividad.

En la **fase inicial de realización de la tarea** no existe un alto grado de rendimiento en términos generales. La persona se está acostumbrando a la realización de la misma y necesita adaptarse. Se puede decir que se trata de un periodo de calentamiento previo.

Posteriormente, el **rendimiento se eleva hasta alcanzar un punto de intensidad máxima,** que dura hasta que comienza a aparecer el **cansancio o la fatiga.** Es a partir de este momento cuando el rendimiento decrece. En este punto resulta poco recomendable continuar con la realización de la actividad, ya que la posibilidad de cometer errores es alta: la concentración y el grado de atención disminuyen considerablemente y, generalmente, se emplea más tiempo en desarrollar el trabajo. Una consecuencia aún más grave sería la aparición del **estrés laboral.**

Por último se tendría la **fase de descanso.** Esta fase es necesaria para recuperar fuerzas, tanto físicas como mentales. El rendimiento disminuye, y de nuevo comienza la fase de calentamiento o adaptación.

Los errores o accidentes durante el desarrollo de la actividad laboral no solo tienen más probabilidades de ocurrir cuando aparece el cansancio o la fatiga. Al comienzo de la misma, cuando todavía no se está habituado a su realización y no existe un periodo previo de adaptación, también es muy alta la probabilidad de cometer errores.

 Sabía que...

La Estadística de Accidentes de Trabajo revela que la probabilidad de sufrir accidentes de trabajo es mayor los lunes.

En el siguiente gráfico se puede observar cómo evoluciona la curva de actividad en función del tiempo. Cuando comienza la ejecución de la tarea, la curva se encuentra en el punto más bajo. A medida que pasa el tiempo, la curva asciende hasta alcanzar el punto más alto (la persona se encuentra en fase de pleno rendimiento). Aquí comienza a aparecer la fatiga, y la curva desciende de nuevo hasta volver al punto más bajo de rendimiento.

Curva de actividad y de fatiga

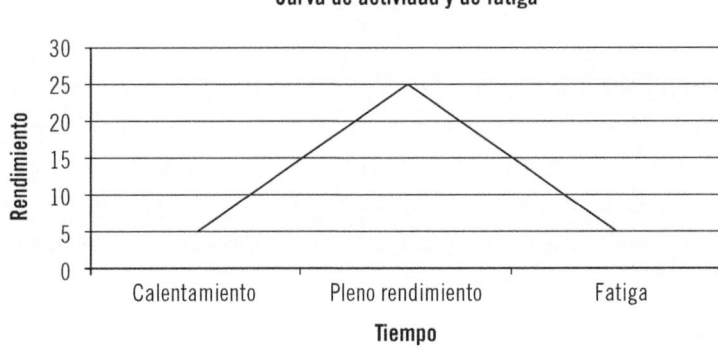

 **Actividades**

16. Determinar si, además de los ritmos circadianos, existen otros que condicionen el rendimiento en la actividad laboral.

8.5. El tiempo y el estrés

El tiempo es un elemento fundamental en la vida del ser humano. Toda su existencia está determinada por este factor temporal. Así, el día tiene 24 horas, la semana está integrada por 7 días, el año tiene 4 estaciones, etc.

En el ámbito laboral el factor temporal tiene una gran trascendencia, pudiendo tener consecuencias negativas en la salud del trabajador. Frecuentemente este dice sentirse agobiado ante la gran cantidad de tareas pendientes y el escaso tiempo disponible para concluirlas.

Existe una creencia generalizada que asocia el estrés a la aparición de daños en la salud (física, psíquica o social) del trabajador. Sin embargo, existen investigaciones que demuestran que un determinado nivel de estrés tiene efectos positivos en el individuo. De hecho, algunos autores **(Selye, 1956; Edwards y Cooper, 1988)** utilizan el término "eustrés" o "distrés" para diferenciar el efecto que el estrés provoca en el individuo.

Así, el primer término, "eustrés", es utilizado en sentido positivo, es decir, cuando la presencia de un determinado nivel de estrés genera una activación física y mental del organismo que provoca una respuesta eficaz a las demandas externas. Por el contrario, el término "distrés" se utiliza cuando el nivel de estrés aumenta y la persona no es capaz de adaptarse a las nuevas demandas, causando daños a la salud del sujeto.

 Definición

Estrés
El estrés en el trabajo es un conjunto de reacciones emocionales, cognitivas, fisiológicas y del comportamiento a ciertos aspectos adversos o nocivos del contenido, la organización o el entorno de trabajo. Es un estado que se caracteriza por altos niveles de excitación y de angustia, con la frecuente sensación de no poder hacer frente a la situación (Comisión Europea, 2000).

Numerosos estudios han demostrado que el estrés laboral tiene su origen en un desajuste entre el trabajador y las condiciones de trabajo, el contenido de las tareas a realizar por el mismo y el modelo organizativo adoptado por la empresa.

A continuación, se identificarán las principales causas generadoras de estrés en las modernas organizaciones, aunque existen numerosos factores que pueden ocasionar esta patología laboral:

- Desempeño de trabajos monótonos, repetitivos o rutinarios.
- Ambiente laboral violento o peligroso (personal perteneciente a cuerpos de seguridad, bomberos, controladores aéreos, etc.).
- Exceso de tareas o actividades a realizar en cortos periodos de tiempo.
- Exigencias laborales que sobrepasan las funciones propias, aptitudes o conocimientos del trabajador.

A la vista de lo expuesto anteriormente, se puede afirmar que el tiempo de trabajo y la alteración del ritmo biológico juegan un papel fundamental en la generación de estrés: trabajo a turnos, trabajo nocturno, trabajo en cadena, trabajo por objetivos, a comisión, etc. También se podría considerar como factor estresante adicional los conflictos laborales, factores ambientales, temporalidad laboral, etc.

El estrés en el trabajo puede dar lugar a la aparición de daños en la salud del trabajador. Aquellos que aparecen con mayor frecuencia son:

- **Enfermedades cardíacas:** infarto de miocardio, palpitaciones, dolores, molestias en el pecho o hipertensión.
- **Trastornos anímicos:** cansancio, irritabilidad, tristeza, insomnio, etc.
- **Trastornos psicológicos:** ansiedad, pérdida de autoestima y motivación, depresión, etc.
- **Trastornos conductuales:** absentismo, disminución del rendimiento, etc.
- **Enfermedades gastrointestinales:** úlceras, síndrome del colon irritable, diarreas o gastritis.
- **Enfermedades musculoesqueléticas:** dolores articulatorios, artrosis o tensión muscular.
- **Infecciones cutáneas:** eccemas, soriasis o caída de pelo.

La aparición de estos trastornos o enfermedades no afecta por igual a todos los individuos expuestos, ya que existen trabajadores especialmente sensibles a este tipo de patología. La edad, personalidad (una persona competitiva o excesivamente perfeccionista), circunstancias económicas (mala situación económica y necesidad de realizar horas extras), organizativas (ambigüedad en la definición de funciones, problemas de comunicación y participación), etc., condicionan significativamente la posibilidad de sufrir estrés laboral.

Por último, es importante señalar que la aparición de las nuevas tecnologías asociadas a la información y comunicación y la introducción de las nuevas formas de organización del trabajo (NFOT) en el ámbito laboral han contribuido notablemente a disminuir la carga física, pero lamentablemente han aumentado la carga mental y el estrés laboral.

 Sabía que...

Los colectivos que experimentan mayor nivel de estrés laboral son los profesionales de la salud y la enseñanza.

 Actividades

17. Entrar en la página del Instituto Nacional de Seguridad y Salud en el Trabajo y buscar medidas para prevenir el estrés laboral.

8.6. Utilización de aplicaciones informáticas en la gestión del tiempo. Instalación. Funciones y procedimientos de las aplicaciones

Hoy en día se hace imposible pensar en el desempeño de cualquier actividad laboral sin el uso de la informática. Las tareas de secretariado no son una excepción, por lo que al asistente a la dirección se le exigen elevados conocimientos en materia de aplicaciones informáticas de gestión, entre otros. Es importante mantener actualizados estos conocimientos si se quieren ampliar las posibilidades de desarrollo profesional.

Tradicionalmente, existían numerosas actividades que debían ser realizadas manualmente, por ejemplo, redactar cartas, elaborar albaranes y facturas, archivar toda la documentación en espacios físicos, etc. Sin embargo, en la actualidad existen programas informáticos que facilitan enormemente el desarrollo de las funciones de secretariado, al tiempo que se optimizan los recursos empleados.

Utilización de aplicaciones informáticas en la gestión del tiempo

Todo el mundo conoce la trascendencia de las nuevas tecnologías en las empresas actuales. Ahora bien, ¿cómo influye el uso de las aplicaciones informáticas en la adecuada gestión del tiempo?

- El uso del ordenador permite realizar las tareas de secretariado con mayor rapidez. Por ejemplo, en la elaboración de cartas utilizando plantillas y la opción "combinar correspondencia".
- El trabajo alcanza un mayor nivel de eficiencia y exactitud. Por ejemplo, elaborando las facturas utilizando una hoja de cálculo.
- Las aplicaciones de gestión disponen de bases de datos para almacenar información y realizar consultas sin tener que desplazarse. También suponen un ahorro de espacio y papel que contribuyen a la mejora del medioambiente.
- Al disponer de mayor espacio de almacenamiento, la gestión de archivo se simplifica y agiliza notablemente.
- El resultado obtenido con el uso de las aplicaciones de gestión (cartas, facturas, informes, gráficos, etc.) es de mayor calidad que el realizado por otros medios (manuales, máquina de escribir, etc.).

Instalación

La instalación del paquete *Office* en un ordenador no presenta especial dificultad si el mismo dispone de suficiente memoria y espacio en el disco. Basta con insertar el CD/DVD de *Microsoft Office* para iniciar su instalación y ejecutar el programa o bien hacerlo a través de su página web.

? Sabía que...

El primer ordenador digital electrónico se crea en 1947 en la Universidad de Pensilvania. Se llamaba ENIAC.

Funciones y procedimientos de las aplicaciones

A continuación se explicará de forma resumida cuáles son las principales funciones de las aplicaciones informáticas de gestión más usadas en la actualidad.

Procesadores de texto

La utilización de procesadores de texto facilita principalmente la elaboración de documentos. En concreto, el procesador de texto *Word,* de *Microsoft Office,* ofrece la posibilidad de elaborar textos con un formato determinado, utilizar el corrector ortográfico, combinar correspondencia, elaborar formularios, tablas, organigramas o índices, e insertar notas al pie de página, comentarios, encabezados, hipervínculos o imágenes.

Por otro lado, el procesador de texto *LibreOffice*, denominado *Writer,* permite además elaborar documentos estándar, utilizar diferentes idiomas, crear nuevos diseños, mostrar varias páginas, insertar referencias bibliográficas o exportar archivos a formatos HTML o PDF.

Hoja de cálculo

La hoja de cálculo *Excel* es un instrumento muy útil para realizar operaciones aritméticas o elaborar base de datos. Se usa frecuentemente para diseñar facturas, albaranes, presupuestos, gráficos, formularios, etc. Para tareas repetitivas se aconseja el uso de macros.

Algunas de sus funciones más importantes serían: BUSCARV( ), =SI( ), PROMEDIO, MAX, MIN, MODA, MEDIANA y CONTAR; las funciones financieras: ABS y PAGO; o las funciones matemáticas: ENTERO, RESIDUO y REDONDEAR.

La hoja de cálculo de *LibreOffice* se denomina *Calc.* Permite guardar las hojas de cálculo en el formato estándar *OpenDocument,* exportar a formato PDF, compartir una hoja de cálculo con otros usuarios, utilizar plantillas con funciones o crear fórmulas mediante la utilización de palabras.

Base de datos

Access es una base de datos utilizada para realizar consultas de forma rápida y eficaz, elaborar formularios e informes, exportar tablas a *Excel* o importar tablas desde *Excel,* etc.

El programa de base de datos *LibreOffice Base* contiene prestaciones adicionales como extraer datos para combinar correspondencia en *Writer* o crear rango de datos vinculados en archivos de *Calc* para crear gráficos.

Presentaciones con diapositivas

Las empresas utilizan a menudo las presentaciones con diapositivas. El programa *Power Point* es una herramienta que posibilita la elaboración de estas presentaciones de una forma fácil y sencilla. Se pueden insertar imágenes, gráficos, efectos, hipervínculos o vídeos.

Asimismo, con el programa *Impress LibreOffice* se pueden crear presentaciones multimedia con imágenes en 2D y 3D, guardar las presentaciones en formato *OpenDocument* o exportar las presentaciones al formato SWF.

 **Actividades**

18. Conseguir información sobre documentación escrita en la empresa y redactar una convocatoria de reunión.

9. La calidad en los trabajos de secretariado

Cualquier empresa que pretenda ser competitiva en los momentos actuales debe llevar a cabo una adecuada política de calidad. Los procesos de calidad tratan de conseguir la excelencia empresarial en la producción de bienes o prestación de servicios, por lo que son aplicados no solo en el proceso productivo, sino también en el servicio de atención al cliente.

La aplicación de sistemas de calidad en una empresa contribuye a perfeccionar su funcionamiento interno, mejora la imagen pública de la empresa y la posición de la misma en el mercado nacional e internacional.

 **Importante**

La norma UNE-EN-ISO 9001:2015 establece los requisitos para la aplicación en las empresas de un Sistema de Gestión de Calidad que le permita obtener la certificación.

Norma ISO

El éxito de una organización dependerá, en gran medida, del grado de **satisfacción de los clientes.** Para asegurar la calidad de este servicio es preciso tener en cuenta los siguientes aspectos:

- Las personas que desempeñen funciones de **atención al público,** como es el caso del asistente a la dirección, deben estar perfectamente **cualificadas.** En este sentido, el asistente a la dirección debe reunir unos requisitos mínimos:

  - Educación, conocimientos de protocolo y amabilidad en el trato.
  - Manejo eficiente del sistema de archivo y métodos de clasificación.
  - Destreza en la elaboración de documentación escrita.
  - Conocimiento de idiomas.
  - Imagen personal adecuada a la actividad de la organización.
  - Discreción, tacto y sigilo profesional.
  - Asertividad, proactividad, motivación y habilidades comunicativas.
  - Conocimiento y aplicación de los protocolos de atención al cliente.
  - Conocimientos de ofimática, cultura general, cálculos matemáticos y corrección gramatical.

- Asimismo, es responsabilidad de la organización:

  - Definir claramente la posición, funciones y responsabilidades del asistente a la dirección dentro de la empresa.
  - Diseñar, organizar y coordinar las relaciones entre los distintos departamentos de la empresa, así como los canales de comunicación existentes.
  - Implantar actividades de motivación y formación destinadas al desarrollo de las capacidades y aptitudes.
  - Dotar al personal de secretariado del material y los recursos adecuados para el desarrollo de sus actividades.

- La organización debe inspirar **confianza** en el cliente, sobre todo en los inicios de la relación. Las políticas de **fidelización** del cliente suponen, en muchas ocasiones, la clave del éxito empresarial.
- La información que se transmita a los clientes potenciales ha de ser **veraz.** Asimismo, la empresa no debe aceptar acuerdos que no pueda

llevar a cabo. De lo contrario, los clientes buscarán empresas alternativas, y la **imagen** de la organización quedará gravemente perjudicada. Uno de los métodos más usados para obtener información de la satisfacción de los clientes es la realización de **encuestas de calidad** a los mismos.

Sabía que...

La tarjeta de fidelización es uno de los instrumentos más usados para fidelizar clientes.

10. Habilidades de relación intra-personal para optimizar el tiempo: iniciativa, pro-actividad, creatividad e innovación

El término intra-personal hace referencia a la relación o comunicación que un sujeto establece consigo mismo. Este término está asociado al concepto de autoestima, ya que poseer una adecuada autoestima proporciona estabilidad y equilibrio emocional, indispensables en la consecución de los objetivos profesionales propuestos.

Las habilidades intra-personales a desarrollar por el asistente de dirección, necesarias para optimizar el tiempo de trabajo, serían la iniciativa, pro-actividad, creatividad e innovación. Asimismo, es necesario poseer un alto nivel de autoestima para desarrollar dichas habilidades.

Ejemplo

Algunos de los métodos más utilizados para desarrollar el pensamiento creativo en las empresas son: brainstorming o tormenta de ideas, la sinéctica, seis sombreros para pensar, el pensamiento lateral y parrilla de ideas o análisis morfológico.

Iniciativa y proactividad

La iniciativa y la proactividad están íntimamente relacionadas, ya que se refieren a la capacidad del individuo de anticiparse a los acontecimientos, actuando correctamente ante cada situación.

Ante una situación adversa, la persona proactiva lleva la iniciativa en la toma de decisiones y actúa en consecuencia. De este modo, consigue atenuar los efectos negativos de una situación que no estaba prevista inicialmente.

Creatividad

Las modernas organizaciones empresariales reconocen la necesidad de fomentar y organizar el pensamiento creativo entre sus trabajadores.

En el ámbito empresarial cada día surgen nuevas demandas y necesidades, a las que se hace preciso atender si se quiere ser competitivos.

 Definición

Pensamiento creativo
Consiste en el desarrollo de nuevas ideas, conceptos, proyectos o enfoques con cierto nivel de originalidad.

Innovación

Esta habilidad está relacionada con la anterior, ya que para innovar es necesario ser creativo.

El desarrollo de esta habilidad permite a las organizaciones adaptarse a los continuos cambios que se producen en el entorno empresarial (nuevas tecnologías, modas, etc.).

La innovación consiste en la creación de una idea, concepto, producto, etc. y su puesta en marcha o aplicación práctica en el contexto de que se trate. La innovación no solo implica la creación de algo que antes no existía, también puede consistir en el cambio de una idea, concepto, producto, etc., ya existentes.

La creatividad e innovación empresarial son requisitos indispensables para alcanzar los objetivos de supervivencia y desarrollo empresarial en los momentos actuales.

 Ejemplo

Ejemplos de innovación en las empresas españolas serían la introducción de nuevos procesos que ahorran costes, cambios en la organización empresarial, perfeccionar el diseño de un producto ya comercializado o la introducción de mejoras medioambientales.

 Actividades

19. Explicar en qué consiste la técnica "seis sombreros para pensar", y por qué se utiliza para fomentar el pensamiento creativo.
20. Investigar qué instrumentos de fidelización de clientes utilizan las empresas del entorno.
21. Describir cómo se debería finalizar la reunión con un cliente que, media hora después de haber cerrado el asunto a tratar, continúa contando sus problemas personales.

11. Habilidades de relación interpersonal para optimizar el tiempo: asertividad, comunicación y negociación

En la organización empresarial existen relaciones interpersonales entre empleados, directivos, clientes, proveedores, etc. Es obvio que este tipo de relaciones van a condicionar el ambiente laboral existente en la misma, lo que determinará el grado de satisfacción y bienestar personal de sus integrantes.

 **Definición**

Relación interpersonal
Interacción entre dos o más personas.

El asistente a la dirección puede desarrollar o potenciar una serie de habilidades sociales que favorecerán su integración en la organización empresarial. Un ambiente laboral saludable contribuye a aumentar la eficiencia y rendimiento de los trabajadores.

Algunas de estas habilidades sociales son la asertividad, comunicación y negociación.

11.1. Asertividad

En párrafos anteriores se mencionó la necesidad de saber expresar la negativa ante determinadas peticiones en aquellos momentos en los que sea conveniente. También es importante defender las propias ideas frente a la de otros compañeros de trabajo, y hacerlo de forma educada y sin llegar al conflicto.

Esta será la única forma de mantener la iniciativa y el control sobre el trabajo personal. En estos casos, las personas asertivas tienen una gran ventaja sobre las demás, ya que saben afrontar las interrupciones con serenidad y sin perder el control. Asimismo, son capaces de reivindicar sus derechos y opiniones sin malgastar el tiempo en eternas discusiones. Todo ello facilita enormemente el desarrollo de la actividad laboral.

 **Definición**

Asertividad
Cualidad de las personas capaces de afirmar su personalidad y defender sus opiniones frente a los demás.

11.2. Comunicación

M. A. Hitt, R. D. Middlemist y R. L. Mathis definen la comunicación como "un proceso interpersonal que supone una dinámica de relaciones entre las personas cuando se esfuerzan por encontrar la comprensión mutua".

La comunicación es un elemento clave en la actividad empresarial. De hecho, la empresa como organización no podría funcionar sin la comunicación entre las personas y departamentos que la integran.

La empresa debe facilitar cauces y sistemas adecuados de comunicación **interna** (entre personas que trabajan en la misma) y **externa** (relaciones con el entorno). Pero, al mismo tiempo, los trabajadores deben tener una actitud y predisposición al intercambio de información que facilite la resolución de problemas, negociación, toma de decisiones, evite las repeticiones, etc.

 **Ejemplo**

Si un trabajador no entiende de forma adecuada una orden, probablemente la ejecutará incorrectamente, lo que implica tener que volver a realizar la misma tarea.

11.3. Negociación

A través de la negociación se pretende alcanzar un acuerdo entre distintas partes a través de la discusión, el diálogo o la confrontación. Cada parte defiende sus propios intereses, e intenta conseguir sus objetivos realizando concesiones o renuncias hasta llegar a un acuerdo que satisfaga a todas las partes implicadas.

Existen individuos que poseen habilidades especiales para la negociación, algunas de las cuales son:

- **Asertividad:** una persona asertiva es capaz de negarse a aceptar propuestas sin generar conflictos con la otra parte.
- **Habilidades para la comunicación:** la negociación se desarrolla fundamentalmente a través de la comunicación. Por ello, el buen negociador debe poseer habilidades comunicativas especiales, verbales y no verbales.
- **Empatía:** si se producen tensiones o conflictos será más difícil alcanzar acuerdos que satisfagan a ambas partes.
- **Autoconfianza y elevada autoestima:** las personas con un concepto positivo de sí mismas se muestran seguras y firmes en sus posiciones.
- **Flexibilidad:** durante el proceso negociador existe un intercambio de intereses y renuncias de carácter recíproco. Mantener una posición estática durante el mismo puede bloquear el proceso, por lo que es preciso estar abierto a nuevas propuestas o prioridades.
- **Autocontrol:** controlar adecuadamente las emociones evita tomar decisiones o adoptar acuerdos por miedo, inseguridad o venganza.

 Actividades

22. Explicar cómo actuaría una persona asertiva en el siguiente supuesto: Son las cinco de la tarde y un asistente a la dirección ha de terminar la redacción de unos informes importantes en su desarrollo profesional. Su jornada de trabajo concluye a las siete y tiene que archivar unos documentos que le han dejado en la bandeja. En ese momento, una compañera de trabajo con la que le une una gran amistad le pide que le ayude con su trabajo, ya que no domina muy bien las aplicaciones informáticas. A continuación, su jefe le pide que le busque una documentación que ha perdido esta mañana.

12. El puesto de trabajo del secretario: el despacho, el mobiliario de oficina, el escritorio, las herramientas de trabajo (ordenador, fax, teléfono, fotocopiadora, grabadora, agenda), el material de trabajo (papel, sobres, etc.), menaje y suministros varios

El profesional de tareas de secretariado pasa gran parte de su tiempo en el lugar de trabajo, por lo que es aconsejable que este reúna unas condiciones mínimas que faciliten el desarrollo de su tarea.

12.1. El despacho

El despacho es el lugar donde el asistente a la dirección trabaja habitualmente, por lo que debe reunir unas condiciones mínimas:

- Ha de ser un lugar tranquilo y silencioso, evitando los ruidos molestos o estridentes que puedan dificultar la realización del trabajo o impedir la concentración.
- Ha de estar organizado, ordenado y limpio.
- La iluminación ha de ser apropiada y suficiente, evitando los reflejos, especialmente en la mesa de trabajo y el ordenador.
- La temperatura ambiente ha de ser adecuada, evitando temperaturas extremas de frío o calor. Los equipos instalados en el puesto de trabajo no deberán producir un calor adicional que pueda ocasionar molestias a los trabajadores.
- El nivel de humedad debe mantenerse dentro de unos intervalos aceptables.
- El despacho debe estar suficientemente ventilado, evitando los ambientes cargados y olores desagradables.
- La decoración ha de ser sencilla, discreta y elegante. Es habitual colocar algunos elementos decorativos, como plantas o cuadros. Se aconseja un color claro, suave y relajante en las paredes.
- El despacho del jefe o directivo debe estar cerca del despacho de su secretario o secretaria.

Recuerde

El despacho ha de estar en todo momento organizado, ordenado y limpio.

12.2. El mobiliario de oficina

El mobiliario del despacho del asistente a la dirección debe conjugar un diseño agradable y funcional, y disponer de aquellos elementos u objetos que sean realmente necesarios.

Los elementos indispensables en el despacho de un asistente a la dirección son la mesa-escritorio, teléfono, silla giratoria y con espaldero, ordenador, archivador, papelera, mesa auxiliar, en su caso, fotocopiadora y armarios.

Es importante distribuir adecuadamente el mobiliario, dejando espacio suficiente para trabajar de forma cómoda y desahogada, y evitando la sensación de desorden o falta de organización. El asistente a la dirección debe ubicar en un lugar próximo aquellos elementos que usa de forma habitual: folios, sobres, bolígrafos, agenda, ordenador, teléfono, etc., pudiendo colocar en una zona más alejada aquellos objetos de uso menos frecuente: archivo inactivo, fotocopiadora, etc.

Dentro del despacho adquieren importancia los siguientes elementos mobiliarios:

- **El archivo** se organizará de forma distinta en función del tipo de archivo de que se trate:

    - El **archivo activo** o de uso frecuente debe estar ubicado cerca de la mesa-escritorio, preferentemente en las **cajoneras auxiliares** o cerca de la silla.
    - El **archivo inactivo,** pasivo o de uso poco frecuente se colocará en un lugar más alejado de la mesa-escritorio.

Modelo de despacho del asistente a la dirección

- El **archivador** ubicado en las cajoneras auxiliares se suele colocar en un lateral, debajo de la mesa.
- Detrás del asistente a la dirección debe situarse un armario o la pared.
- La **pantalla del ordenador** debe estar colocada de espaldas a la puerta de acceso al despacho, evitando que las personas que acceden al mismo puedan verla.
- La **impresora y el fax** estarán colocados al lado de la pantalla del ordenador.
- El **escritorio** debe estar limpio, y los elementos que se sitúan encima (agenda, teléfono, bolígrafos...) deben estar colocados de forma ordenada. Además, es importante observar las siguientes normas de orden y limpieza:

  - La grapadora y grapas, sellos, lapiceros, bolígrafos, tipex, post-it, etc. pueden colocarse en las cajoneras auxiliares o en un cajón del escritorio, evitando su desorden en la superficie de la mesa. Los cajones deben contener exclusivamente aquellos objetos que sirvan realmente, evitando almacenar multitud de cosas inútiles.
  - La mesa-escritorio debe tener unas dimensiones suficientes, y debe situarse mirando a la puerta de acceso.
  - Para mantener ordenada la mesa-escritorio se suelen utilizar varias bandejas colocadas en la misma con distintas finalidades. En una

de ellas (bandeja de entrada) se puede colocar toda aquella documentación que entra en el despacho. En las bandejas restantes se podrá depositar la documentación que ha sido tramitada a la espera de ser archivada, enviada por correo, entregada al directivo o a otro departamento, eliminada o triturada, etc.

▪ Es aconsejable que la mesa-escritorio esté cubierta en su parte frontal, de forma que impida ver su parte inferior, y que disponga de una mesa auxiliar.

▪ Es conveniente disponer de una estantería cerca de la mesa-escritorio que permita su utilización de forma cómoda sin tener que recorrer largas distancias.

▪ Una vez ubicados todos los elementos señalados anteriormente en la mesa-escritorio, es muy importante dejar el resto de la superficie libre para trabajar en el asunto que ocupe en cada momento.

▪ La **papelera** se ubicará cerca del lugar donde se trabaja habitualmente. Es aconsejable tenerla siempre a mano para facilitar su uso, ya que es una herramienta indispensable para ahorrar tiempo y mantener el orden en el despacho. Si la papelera se utiliza como elemento decorativo se evitará tener que esconderla.

▪ La **trituradora de papeles** se utilizará para destruir la documentación confidencial de la empresa, como contratos o nóminas, informes, etc.

 Recuerde

Cuando se tenga que eliminar documentación que contenga información confidencial no se debe utilizar la papelera, sino la trituradora.

Aplicación práctica

María ha sido contratada para sustituir a una secretaria que está de baja por maternidad. Cuando accede a su despacho el primer día de trabajo comprueba que el volumen del hilo musical le impide concentrarse en sus tareas. Cada vez que intenta localizar un documento ha de desplazarse al pasillo, donde se encuentra el archivo que contiene la documentación de uso habitual. Las cajoneras auxiliares están llenas de papeles y objetos inservibles que le impiden encontrar la agenda de trabajo.

Cuando consigue encontrar la agenda es prácticamente imposible trabajar con ella, ya que la superficie del escritorio está ocupada por grapadoras, sellos, sobres vacíos, etc., y no dispone de espacio suficiente para colocarla con comodidad. Tampoco existe ningún elemento que permita clasificar la documentación que recibe a lo largo del día, por lo que se ve obligada a colocar "montones" de papeles encima de la impresora, añadiendo pequeñas notas recordatorias. Para colmo, no sabe dónde tirar los papeles inútiles, por lo que los va depositando "provisionalmente" en un cajón de la mesa.

¿Qué aconsejaría a María para organizar mejor el lugar de trabajo?

SOLUCIÓN

Las medidas a adoptar serían las siguientes:

- Bajar el volumen del hilo musical.
- Trasladar el archivo de uso frecuente a las cajoneras auxiliares de la mesa-escritorio.
- Eliminar de las cajoneras auxiliares todos aquellos objetos que no se vayan a utilizar.
- Los elementos de trabajo que se encuentran encima del escritorio pueden ser depositados ordenadamente en algún cajón o en un armario ubicado cerca del lugar de trabajo.
- Colocar encima de la mesa-escritorio únicamente aquello con lo que se está trabajando.
- Solicitar al departamento que corresponda una papelera propia y bandejas de documentos, que se colocarán encima del escritorio para clasificar la documentación recibida.

Otros instrumentos y accesorios que se utilizan en las tareas de secretariado son guillotinas, calculadoras, retroproyector, grapadoras, quitagrapas, plastificadoras, abrecartas, plegadora, ensobradora, etc.

Actividades

23. Diseñar en una hoja de papel la disposición del mobiliario de oficina y los elementos del mismo en un despacho del asistente a la dirección, de acuerdo a los criterios expuestos. Dibujar también la distribución de los elementos en el escritorio.
24. Indicar dónde se colocan los archivos.

13. La recepción de la empresa, la sala de reuniones, el salón de actos y otras dependencias de la organización

El asistente a la dirección realiza las funciones administrativas en el despacho u oficina. Pero también desarrolla otras funciones importantes que son llevadas a cabo en distintas dependencias de la organización, como la recepción (atención de las visitas que acuden a la empresa) y la organización de reuniones. Estas también deben tener una serie de condiciones mínimas de confort.

La recepción de la empresa

Es aconsejable disponer de una **sala de espera o recepción** para atender adecuadamente a clientes, proveedores, comerciales, etc. Esta será la primera impresión que se tenga de la misma, por lo que se deberá cuidar al máximo su diseño. Algunas consideraciones realizadas para el despacho o la oficina valdrían igualmente para la sala de espera.

Recuerde

Una de las funciones del asistente a la dirección es atender y recibir a las visitas, previstas o imprevistas.

Algunas características que debería reunir la recepción de la empresa son:

- Debe ser **cómoda y agradable.** La decoración juega un papel importante, ha de ser sencilla y de buen gusto. También debe disponer de sillones confortables para las visitas.
- Los colores de las paredes han de ser claros y suaves, transmitiendo **serenidad y calma.**
- La **iluminación** de la sala de espera es muy importante. Una recepción oscura y con falta de luz no da buena impresión a las personas que permanecen en ella.
- Debe ser **silenciosa,** aislada de las fuentes de ruido y zonas de paso de la empresa. Frecuentemente, disponen de un hilo de música ambiental a un volumen aceptable, que crea un agradable clima de trabajo.
- En todo momento debe estar **ordenada y limpia,** evitando la sensación de abandono o dejadez.
- La **temperatura y humedad** deben ser adecuadas.
- Se aconseja disponer de una mesa con **revistas, periódicos,** etc. que puedan amenizar el tiempo de espera.

Sala de reuniones

Las funciones de secretariado relativas a las reuniones en la empresa serían principalmente organizar y planificar las reuniones, levantar acta de los acuerdos tomados en las mismas y controlar o comprobar el cumplimiento de dichos acuerdos.

Ahora bien, ¿para qué sirve una reunión? Puede tener distintas finalidades como tomar decisiones, negociar, intercambiar información, dar instrucciones al equipo de trabajo, etc.

El lugar donde ha de desarrollarse debe ser elegido cuidadosamente:

- Debe ser un lugar **tranquilo y silencioso.** Así se evitarán las interrupciones que puedan producirse. No es conveniente que haya teléfonos dentro de la sala, y si los participantes llevan teléfono móvil deben activar el modo silencio.

- Las **dimensiones** de la sala de reuniones han de ser **adecuadas** al número de personas que asistirán a la reunión. Cada participante debe disponer de espacio suficiente para tomar notas y moverse con facilidad.
- Los asientos han de ser **cómodos y ergonómicos,** y la **mesa** de trabajo debe ser amplia. En función del tipo de reunión, la mesa se puede disponer de distintas formas:

  - **Forma de O (circular).** Es aconsejable cuando el número de asistentes a la reunión es reducido. Esta disposición facilita enormemente la comunicación debido a la proximidad de los participantes.
  - **Forma rectangular.** Esta distribución es válida para las negociaciones. Las partes enfrentadas se situarán frente a frente en los laterales de la mesa.
  - **Forma de U.** Conviene utilizar esta disposición cuando la reunión es formativa o informativa y con un número de participantes reducido. Esta forma permite escuchar claramente la explicación del ponente, que se situará en la parte abierta de la U, al tiempo que fomenta el diálogo entre los participantes.
  - **Forma de escuela.** Esta distribución es adecuada para cursos de formación, conferencias o exposiciones, ya que no favorece el trabajo en equipo ni la comunicación. Todos los asistentes estarán sentados frente al orador, disponiendo de mesas para tomar notas.

- La sala de reuniones debe disponer de una serie de recursos materiales dirigidos a la persona que va a exponer o comunicar algo: **retroproyector, televisor, vídeo, micrófonos, altavoces y pizarra.**
- Asimismo, el asistente a la dirección debe ofrecer a todos los participantes **papel y lápiz,** así como **agua, café o zumos** en determinadas horas del día.

 Sabía que...

En la negociación de convenios colectivos se suele utilizar la mesa en forma rectangular.

Ejemplo de sala de reuniones

Salón de actos

Algunas organizaciones disponen de un salón de actos propio, pero lo normal es que las empresas que precisen hacer uso del mismo lo alquilen por horas o días a otras empresas o instituciones públicas (hoteles, ayuntamientos, etc.).

Ejemplo de salón de actos

El salón de actos deberá ser de fácil acceso y disponer de butacas confortables, baños, equipos audiovisuales, escalones que permitan subir al escenario y adaptaciones para personas con discapacidad.

También se pueden aplicar los requisitos mencionados anteriormente relativos a la iluminación, humedad, temperatura, etc.

Otras dependencias de la organización

Es evidente que cada tipo de empresa dispondrá de aquellas dependencias que sean adecuadas a la actividad que desarrollan y/o al tamaño de la misma. Por ejemplo, una empresa dedicada a la formación dispondrá de una o varias aulas, pero si la organización se dedica al transporte de mercancías y desea impartir un curso de formación a sus trabajadores, le resultará más rentable alquilar dichas aulas durante el tiempo que dure el curso.

No obstante, se podrían citar algunas dependencias comunes a la mayoría de las empresas: comedor para los trabajadores, baños o aseos, o almacén.

 Actividades

25. Describir las distintas formas de organizar la mesa en las reuniones y establecer ejemplos para cada una.

14. Prevención de riesgos laborales

El **artículo 40.2 de la Constitución Española** (CE) encomienda a los poderes públicos "velar por la seguridad e higiene en el trabajo". De este mandato constitucional se deriva la necesidad de desarrollar una adecuada política de protección de la salud de los trabajadores mediante la prevención de los riesgos derivados de su trabajo.

Asimismo, el **Estatuto de los Trabajadores,** en su **artículo 4.2.d)** reconoce "el derecho del trabajador a su integridad física y a una adecuada política de prevención de riesgos laborales". Al mismo tiempo, el **artículo 5 b)** establece la correspondiente obligación de "observar las medidas de prevención de riesgos laborales que se adopten". Por último, el **artículo 19.1** del mismo texto legal reconoce el derecho de los trabajadores a "una protección eficaz en materia de seguridad y salud en el trabajo".

La pertenencia de España a la **Unión Europea** hace necesaria la armonización de nuestra política con la política comunitaria en esta materia. Esto conlleva la transposición al derecho español de la **Directiva 89/391/CEE,** de la que nace la **Ley 31/1995, de 8 de noviembre, de Prevención de Riesgos Laborales.**

14.1. Normativa actual. La Ley de Prevención de Riesgos Laborales

La **Ley de Prevención de Riesgos Laborales** es la norma básica en materia preventiva. Tiene por objeto promover la mejora de la seguridad y salud de los trabajadores en el trabajo. Para ello establece una serie de garantías y responsabilidades necesarias para proteger la salud de los trabajadores frente a los riesgos derivados de las condiciones de trabajo, al tiempo que determina una serie de obligaciones (dirigidas a empresarios y trabajadores) que garanticen dicho derecho.

Pero dicha ley es complementada y desarrollada por multitud de textos legales. Las normativas más importantes y representativas son las siguientes:

- Real Decreto 39/1997, de 17 de enero, por el que se aprueba el Reglamento de los Servicios de Prevención.
- Real Decreto 485/1997, de 14 de abril, sobre disposiciones mínimas en materia de señalización de seguridad y salud en el trabajo.
- Real Decreto 486/1997, de 14 de abril, por el que se establecen las disposiciones mínimas de seguridad y salud en los lugares de trabajo.
- Real Decreto 487/1997, de 14 de abril, sobre disposiciones mínimas de seguridad y salud relativas a la manipulación manual de cargas que entrañe riesgos, en particular dorsolumbares, para los trabajadores.
- Real Decreto 773/1997, de 30 de mayo, sobre disposiciones mínimas de seguridad y salud relativas a la utilización por los trabajadores de Equipos de Protección Individual.
- Real Decreto 286/2006, de 10 de marzo, sobre la protección de la salud y la seguridad de los trabajadores contra los riesgos relacionados con la exposición al ruido.

Recuerde

La normativa básica en España en materia preventiva es la Ley de Prevención de Riesgos Laborales.

14.2. La carga de trabajo, la fatiga y la insatisfacción laboral

La **Ley de Prevención de Riesgos Laborales** define el concepto de **daños derivados del trabajo** como "las enfermedades, patologías o lesiones sufridas con motivo u ocasión del trabajo". Asimismo define **riesgo laboral** como la "posibilidad de que un trabajador sufra un determinado daño derivado del trabajo".

Un factor de riesgo puede definirse como aquella circunstancia o situación capaz de generar el propio riesgo, es decir, son agentes desencadenantes, ya que para que exista la posibilidad de aparición del riesgo y posterior materialización de un daño, debe existir un factor que lo provoque.

Los factores de riesgo aparecen cuando las condiciones laborales influyen o pueden influir negativamente en la salud de los trabajadores. Así, las características de las condiciones de trabajo pueden generar riesgos que afecten a la seguridad y salud de los trabajadores. Por ello, el principal objetivo de la Prevención de Riesgos Laborales es eliminar o reducir los factores de riesgo presentes en el lugar de trabajo, y/o atenuar las consecuencias lesivas de aquellos que no pueden ser eliminados.

Definición

Condición de trabajo
La Ley de Prevención de Riesgos Laborales establece que se entenderá por condición de trabajo "cualquier característica del mismo que pueda tener una influencia significativa en la generación de riesgos para la seguridad y la salud del trabajador".

En base a la definición de **condiciones de trabajo,** la Ley de Prevención de Riesgos Laborales efectúa la siguiente clasificación de los factores de riesgo laboral:

- **Factores o condiciones de seguridad.** Se incluyen en este grupo todos aquellos factores que pueden dar lugar a lesiones o **accidentes de trabajo,** tales como utilización de maquinaria y herramientas, instalaciones eléctricas, equipos de elevación, desorden y suciedad en espacios de trabajo y zonas de paso, etc.
- **Factores ambientales.** Se incluyen los contaminantes de origen físico (ruido, vibraciones, temperatura inadecuada, etc.), químico (gases, vapores, aerosoles, etc.) o biológico (bacterias, virus, etc.) existentes en el lugar de trabajo. Estos factores de riesgo darían lugar a la aparición de **enfermedades profesionales** (por ejemplo, sordera profesional).
- **Factores derivados de las características del trabajo.** En este grupo se incluyen las exigencias, tanto físicas como mentales, que la actividad laboral impone al trabajador, pudiendo distinguir entre **carga física y mental.**
- **Factores derivados de la organización del trabajo.** Algunos de los factores de riesgo organizativos o psicosociales serían: horarios, turnos de trabajo, jornada laboral, automatización de las tareas, complejidad, mandos autoritarios, deficiente comunicación, etc. Estos factores de riesgo pueden incidir en la salud del trabajador, causando **insatisfacción, estrés laboral, fatiga mental o** *burnout.*

El accidente de trabajo y la enfermedad profesional son denominadas **patologías específicas del trabajo,** ya que su aparición está claramente relacionada con el trabajo. Junto a estas, existen otras patologías derivadas del trabajo denominadas **patologías inespecíficas del trabajo,** tales como la fatiga física y mental, insatisfacción, estrés laboral o envejecimiento prematuro.

Carga de trabajo

Anteriormente se ha definido la carga de trabajo como el conjunto de exigencias físicas o mentales a las que está sometido el trabajador durante la jornada de trabajo. La carga de trabajo puede ser física o mental:

- **Carga física,** producida por el mantenimiento de determinadas posturas de trabajo, manipulación de cargas, esfuerzos físicos, etc. El asistente a la dirección pasa mucho tiempo sentado frente al ordenador, por lo que está expuesto a padecer **fatiga física y trastornos musculoesqueléticos (TME)** debidos principalmente a posturas incorrectas frente a la pantalla y estatismo postural.

- **Carga mental,** producida por el desempeño de tareas que exigen altos niveles de concentración y complejidad, responsabilidad, rápida adaptación a los cambios, memoria, atención, etc. La introducción de nuevas tecnologías y nuevas formas de organización del trabajo en las modernas organizaciones ha disminuido la carga física en el trabajo, aumentando considerablemente la carga mental. Estos factores de riesgo pueden dar lugar a la aparición de **fatiga mental, accidentes de trabajo y envejecimiento prematuro.**

 Sabía que...

Los trabajos de secretariado se encuentran entre los que más carga de trabajo mental requieren, sobre todo si la responsabilidad es alta.

El profesional de secretariado está principalmente expuesto a factores derivados de las características del trabajo (carga física y mental) y organizativos o psicosociales, por lo que podrá sufrir daños en la salud como fatiga física y mental, trastornos musculoesqueléticos (TME), estrés o insatisfacción laboral.

Fatiga, insatisfacción laboral

Son patologías derivadas de factores organizativos y de la carga física y mental a que está expuesto el trabajador durante su jornada laboral, por lo que es conveniente explicar adecuadamente cada una de ellas.

Fatiga

Tal y como se ha comentado anteriormente, la carga física y mental en el trabajo puede dar lugar a la aparición de fatiga física y mental.

 **Definición**

Fatiga
Pérdida o disminución de capacidad física y mental del individuo provocada por un exceso de trabajo prolongado durante el tiempo y un descanso insuficiente.

Esta patología suele ir acompañada de otros síntomas, tales como depresión, problemas digestivos, ausencia de ánimo para trabajar, etc., y puede ser origen, en algunos casos, de accidentes de trabajo.

Física o mental, la fatiga suele ser el reflejo de una carga de trabajo excesiva. Todo trabajo puede provocar un determinado nivel de fatiga (fatiga normal), pero el problema aparece cuando la fatiga se prolonga en el tiempo. Por ello es conveniente realizar pausas o descansos, evitando así la aparición de alteraciones fisiológicas y psicológicas perjudiciales para la salud del trabajador (fatiga crónica).

Existen una serie de factores determinantes en la aparición de la fatiga:

- Alta carga de trabajo.
- Trabajo continuado.
- La constitución física del trabajador.
- Las características de las tareas.
- La capacidad mental del individuo.
- Cantidad y calidad de la información a tratar.
- Tiempo de respuesta.
- Autonomía del trabajador para realizar sus tareas.

Insatisfacción laboral

La insatisfacción laboral se produce cuando el sujeto experimenta una situación de malestar en el trabajo causada principalmente por factores derivados de la organización del trabajo (monotonía, falta de autonomía, escasa participación y comunicación, escaso nivel de las tareas en relación con la capacidad del trabajador, jornada y ritmo de trabajo, etc.).

El trabajador siente que el esfuerzo realizado a nivel personal y profesional no está siendo compensado adecuadamente. Este malestar puede provocar daños de tipo psicológico (hostilidad, agresividad, depresión o ansiedad), pudiendo dar lugar a fenómenos de conflictividad laboral, absentismo o deterioro de la imagen de la empresa.

Por todo ello, ante la aparición de síntomas de insatisfacción, desde la dirección de la empresa se debe:

■ Dotar de un mayor contenido a las tareas.
■ Organizar el trabajo.
■ Hacer partícipes a los trabajadores en las tareas más relevantes.
■ Reconocer el trabajo realizado.

 Nota

La insatisfacción laboral y la fatiga están íntimamente relacionadas con la aparición de estrés laboral.

14.3. Criterios ergonómicos

En párrafos anteriores se han descrito los principales daños a la salud que pueden sufrir los profesionales que se dedican a tareas de secretariado. A continuación se expondrán algunas pautas a seguir a fin de evitar patologías derivadas de posturas de trabajo incorrectas. Para ello se establecen algunos criterios ergonómicos que aparecen recogidos en el **Real Decreto 488/1997,** sobre disposiciones mínimas de seguridad y salud relativas al trabajo con equipos que incluyen pantallas de visualización, y su correspondiente **Guía técnica,** elaborada por el Instituto Nacional de Seguridad e Higiene en el Trabajo.

Pantalla de visualización

La pantalla de visualización de datos deberá reunir los siguientes requisitos:

- Los caracteres de la pantalla deberán estar bien definidos y configurados de forma clara, y tener una dimensión suficiente.
- La imagen de la pantalla deberá ser estable, sin fenómenos de destellos, centelleos u otras formas de inestabilidad.
- El usuario de terminales con pantalla deberá poder ajustar fácilmente la luminosidad y el contraste entre los caracteres y el fondo de la pantalla, y adaptarlos fácilmente a las condiciones del entorno.
- La pantalla deberá ser orientable e inclinable a voluntad, con facilidad para adaptarse a las necesidades del usuario.
- Podrá utilizarse un pedestal independiente o una mesa regulable para la pantalla.
- La pantalla no debe tener reflejos que molesten al usuario. Se pueden incorporar filtros antirreflejo o bien evitar la presencia de fuentes de luz que puedan reflejarse en la pantalla.

Colocación adecuada de la pantalla de visualización

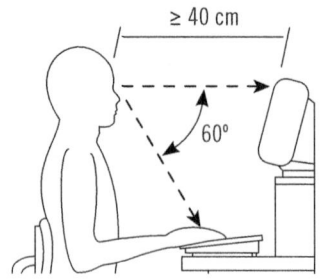

 Definición

Pantalla de visualización
Una pantalla alfanumérica o gráfica, independientemente del método de representación visual utilizado.

El teclado

El teclado continúa siendo actualmente el principal dispositivo de introducción de datos. Algunas medidas a adoptar respecto al mismo son:

- El teclado deberá ser inclinable e independiente de la pantalla para permitir que el trabajador adopte una postura cómoda que no provoque cansancio en los brazos o las manos.
- Tendrá que haber espacio suficiente delante del teclado para que el usuario pueda apoyar los brazos y las manos.
- La superficie del teclado deberá ser mate para evitar los reflejos.
- La disposición del teclado y las características de las teclas deberán tender a facilitar su utilización.
- Los símbolos de las teclas deberán resaltar suficientemente y ser legibles desde la posición normal de trabajo.

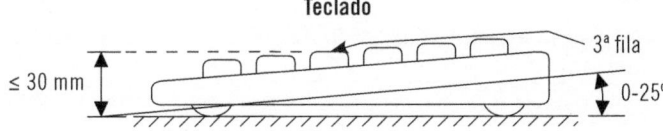

Teclado

 Nota

El requisito de movilidad e independencia respecto al resto del equipo resulta necesario para poder reubicarlo conforme a los cambios de postura del usuario.

Mesa o superficie de trabajo

Se aconseja que la mesa de trabajo tenga las siguientes características:

- La mesa o superficie de trabajo deberá ser poco reflectante, tener dimensiones suficientes y permitir una colocación flexible de la pantalla, del teclado, de los documentos y del material accesorio.
- El soporte de los documentos deberá ser estable y regulable y estará colocado de tal modo que se reduzcan al mínimo los movimientos incómodos de la cabeza y los ojos.
- Las dimensiones de la mesa deben ser suficientes para que el usuario pueda colocar con holgura los elementos de trabajo.
- Por otro lado, el acabado de las superficies de trabajo deberán tener un aspecto mate, y su color no debería ser excesivamente claro u oscuro.
- El espacio deberá ser suficiente para permitir a los trabajadores una posición cómoda.
- Debajo del tablero debe existir espacio suficiente para alojar cómodamente las piernas y permitir los cambios de postura.

Mesa o superficie de trabajo

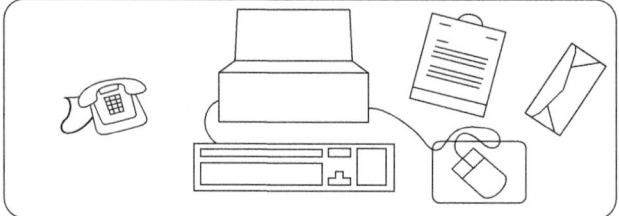

 Actividades

26. Indicar qué medidas se deberán adoptar para evitar los reflejos en la pantalla del ordenador.
27. Señalar qué inclinación debe tener el teclado.
28. Describir brevemente las características que debe tener la mesa de trabajo.

El asiento de trabajo

El asiento no debe suponer una fuente de molestia o incomodidad para el trabajador, debiendo reunir las siguientes condiciones:

Asiento de trabajo

- El asiento de trabajo deberá ser estable, proporcionando al usuario libertad de movimiento y procurándole una postura confortable.
- La altura del asiento debe ser regulable.
- El respaldo deberá ser reclinable para dar apoyo a la zona lumbar. Su altura e inclinación deben ser ajustables.
- Los mecanismos de ajuste deben ser fácilmente manejables en posición sentada.
- Se recomienda la utilización de sillas dotadas de 5 apoyos para el suelo. También deberían incluir ruedas, especialmente cuando se trabaje sobre superficies muy amplias.
- Se pondrá un reposapiés, a disposición de quienes lo deseen.

El portadocumentos o atril

Cuando sea necesario trabajar de manera habitual con documentos impresos se recomienda la utilización de un atril. Este dispositivo permite la colocación del documento a una altura y distancia similares a las de la pantalla, reduciendo así los esfuerzos de acomodación visual y los movimientos de giro de la cabeza.

Las características que debe reunir son las siguientes:

- Ser ajustable en altura, inclinación y distancia.
- El soporte donde descansa el documento debe ser opaco y con una superficie de baja reflectancia.
- Tener resistencia suficiente para soportar el peso de los documentos sin oscilaciones.

? Sabía que...

Las superficies de trabajo, la silla y el resto del mobiliario están directamente relacionados con los problemas posturales.

El reposapiés

Se pondrá un reposapiés a disposición de quienes lo deseen.

El reposapiés se hace necesario en los casos donde no se puede regular la altura de la mesa y la altura del asiento no permite al usuario descansar sus pies en el suelo.

Cuando sea utilizado debe reunir las siguientes características:

- Inclinación ajustable entre 0° y 15° sobre el plano horizontal.
- Dimensiones mínimas de 45 cm de ancho por 35 cm de profundidad.
- Tener superficies antideslizantes, tanto en la zona superior para los pies como en sus apoyos para el suelo.

El ratón

El ratón debe adaptarse a la anatomía de la mano. La superficie sobre la que se coloca el ratón ha de facilitar el deslizamiento del mismo, y debe utilizarse cerca del teclado. Además, es preciso tener en cuenta las siguientes recomendaciones:

- El manejo del ratón no ha de requerir una fuerza excesiva, para no fatigar los dedos.
- Es aconsejable que la mesa tenga espacio suficiente para colocar el antebrazo cuando se está usando el ratón.
- El uso del ratón debe permitir apoyar parte de los dedos, mano o muñeca en la mesa de trabajo.

Acondicionamiento del entorno medioambiental y sistema de iluminación donde se coloca la pantalla

Los factores ambientales también pueden ser una fuente de incomodidad para el trabajador, por lo que se deben adoptar las siguientes medidas:

- Debe existir una iluminación general en el puesto de trabajo con pantalla de visualización de datos. Sí se utilizarán fuentes de iluminación individual complementarias (por ejemplo, flexos), pero estas no deberían ser usadas cerca de la pantalla, ya que esto da lugar a deslumbramiento directo o reflexiones.
- El nivel de iluminación debe ser suficiente para el tipo de tarea que se realice en el puesto (por ejemplo, lectura de documentos), pero no debe alcanzar valores que reduzcan el contraste de la pantalla por debajo de lo tolerable.
- Se recomienda que el puesto de trabajo se oriente adecuadamente respecto a las ventanas, con el fin de evitar los reflejos que se originarían si la pantalla se orientara hacia ellas, o el deslumbramiento que sufriría el usuario, si fuera este quien se situara frente a las mismas.
- Estas medidas pueden ser complementadas mediante la utilización de cortinas o persianas que amortigüen la luz, o mediante mamparas en las salas que dispongan de ventanas en más de una pared.

Acondicionamiento del entorno medioambiental

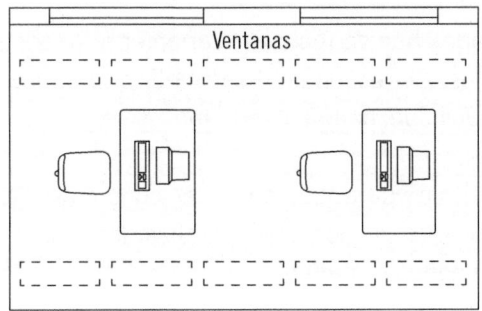

Actividades

29. Indicar qué tipo de asiento de trabajo es aconsejable para proteger la zona lumbar.
30. Señalar cuándo es necesario el reposapiés.
31. Indicar en qué lado es aconsejable disponer de una ventana o fuente de luz en la mesa de trabajo.

15. Resumen

La eficacia y eficiencia se alcanzan a través de una adecuada organización y planificación de las tareas.

El Estudio del Trabajo comprende dos técnicas: el Estudio de Métodos de Trabajo y la Medición del Tiempo de Trabajo.

A la hora de llevar a cabo la planificación del tiempo de trabajo es importante definir los objetivos a alcanzar, identificar las tareas que contribuirán al logro de esos objetivos y programar la realización de dichas tareas.

El despacho del asistente a la dirección debe cumplir unas condiciones mínimas de habitabilidad. Los elementos mobiliarios y utensilios de trabajo deben estar debidamente organizados y distribuidos.

Las actividades que se realizan diariamente pueden clasificarse en importantes y urgentes. Corresponde al asistente a la dirección establecer un sistema de prioridades adecuado en cada momento.

El rendimiento de un trabajador no es constante a lo largo de toda la jornada laboral, por lo que es aconsejable realizar las tareas más complicadas en las horas de mayor agilidad mental.

El jefe o directivo podrá delegar funciones en el asistente a la dirección.

Los principales ladrones de tiempo en las empresas actuales son: llamadas telefónicas, visitas inesperadas, reuniones, desorden, viajes y esperas.

Algunas habilidades que debe poseer el profesional de secretariado para optimizar el tiempo de trabajo son: la iniciativa y proactividad, el pensamiento creativo y la asertividad, así como destrezas comunicativas y negociadoras.

La recepción de la empresa y la sala de reuniones deben ser tranquilas y silenciosas y disponer de las dimensiones adecuadas.

En función del tipo de reunión, la mesa se puede disponer de distintas formas: forma de O (circular), forma rectangular, forma de U o forma de escuela.

Los principales daños a la salud a los que está expuesto el profesional de tareas de secretariado son: fatiga física y mental, trastornos musculoesqueléticos (TME), e insatisfacción laboral.

Ejercicios de repaso y autoevaluación

1. Un asistente a la dirección está contratado en una empresa para elaborar informes económicos. Tiene un sueldo mensual de 1.500 €, trabajando a jornada completa. La empresa tiene unos costes fijos de 25.000 €, y unos costes variables de 300 € al mes.

   Calcule el "Punto Muerto o Umbral de Rentabilidad" y explique el resultado.

   _____

   _____

   _____

   _____

   _____

   _____

   _____

2. De las siguientes frases, indique cuál es verdadera o falsa.

   a. La eficiencia hace referencia a la consecución de aquellos objetivos que la persona se ha propuesto alcanzar.

      ☐ Verdadero
      ☐ Falso

   b. La productividad únicamente puede ser explicada relacionando la producción obtenida con los factores de producción empleados.

      ☐ Verdadero
      ☐ Falso

   c. El objetivo fundamental del Estudio de Métodos de Trabajo es detectar las deficiencias en la ejecución del mismo para realizar las mejoras oportunas.

      ☐ Verdadero
      ☐ Falso

d. Planificar consiste en fijar el tiempo que se dedicará a cada tarea.

☐ Verdadero
☐ Falso

e. Es conveniente colocar toda la documentación de la semana en la mesa de trabajo para tenerla a mano cuando se necesite.

☐ Verdadero
☐ Falso

3. **Complete la siguiente oración:**

Cualquier empresa que pretenda ser _____ en los momentos actuales debe llevar a cabo una adecuada política de _____. Los procesos de calidad tratan de conseguir la _____ empresarial en la producción de bienes o prestación de servicios, por lo que son aplicados no solo en el _____ _____, sino también en el servicio de _____ __ _____.

4. **Determine las acciones a realizar en la gestión de la documentación que entra en la oficina.**

_____
_____
_____
_____
_____
_____
_____

5. **De las siguientes tareas a realizar por el asistente de dirección, relacione aquellas que puedan ser realizadas de forma conjunta.**

a. Desplazarse al archivo inactivo para archivar facturas.
b. Llamar a algunos proveedores para recordarles la fecha de una sesión informativa.
c. Distribuir el correo de entrada en la empresa.
d. Planificar la agenda del jefe.

___ Búsqueda de datos que faltan en las fichas de proveedores.
___ Registrar el correo que entra en la empresa.
___ Buscar en el archivo informes de ejercicios anteriores.
___ Planificar la agenda personal.

6. Si se recibe una llamada cuyo objetivo es concertar una cita con su jefe...

    a. ... se atenderá personalmente la llamada.
    b. ... se pasa la llamada a su jefe.
    c. ... se deja la llamada en espera si se está elaborando un informe.
    d. ... se pide a un compañero de trabajo que atienda el teléfono.

7. La medición del tiempo de trabajo sirve fundamentalmente para...

    a. ... analizar si los equipos de trabajo funcionan correctamente.
    b. ... determinar de qué forma ejecuta un trabajador sus tareas.
    c. ... identificar las horas del día más convenientes para desarrollar una actividad.
    d. ... determinar el tiempo que necesita un trabajador para ejecutar las tareas.

8. El estrés laboral...

    a. ... puede estar ocasionado por el sometimiento al trabajador a tiempos de trabajo ajustados.
    b. ... no tiene repercusiones físicas en el organismo.
    c. ... es bueno para trabajar con rapidez.
    d. ... depende exclusivamente de las circunstancias personales del trabajador.

9. Para realizar facturas es aconsejable utilizar...

    a. ... base de datos.
    b. ... Power Point.
    c. ... hoja de cálculo.
    d. ... procesadores de texto.

10. ¿En qué consiste la asertividad en el ámbito profesional?

_____
_____
_____
_____

11. ¿Qué requisitos mínimos debe reunir la mesa-escritorio del asistente a la dirección?

_____
_____
_____
_____
_____
_____
_____

12. ¿Qué tipo de disposición aconsejaría para celebrar las siguientes reuniones?

a. Se quiere aplicar la técnica brainstorming o tormenta de ideas entre los trabajadores pertenecientes a un departamento en la empresa.

_____

b. Se va a impartir un curso de formación de Prevención de Riesgos Laborales.

_____

c. El director del departamento de ventas quiere informar a los nuevos vendedores de las nuevas técnicas de venta y los objetivos del trimestre.

_____

d. El director va a negociar con el departamento de limpieza los nuevos incentivos salariales.

_____

13. Complete las siguientes frases:

a. La pantalla no debe tener _____ que molesten al usuario.

b. El teclado debe tener una inclinación de ____°.

c. Se recomienda la utilización de sillas dotadas de _ apoyos.

d. Si el usuario de pantallas de visualización de datos no puede apoyar los pies en el suelo, se recomienda la utilización de un _____.

e. Si en el lugar de trabajo con pantalla de visualización existiese demasiada luz, se podrán utilizar _____ _ _____ ____

_____ __ ____.

14. Las empresas A, B y C han presentado los siguientes datos durante el ejercicio del año anterior:

▮ Empresa A: facturó por un importe de 3.000 €, con una inversión en factores de producción de 500 €.

▮ Empresa B: facturó por un importe de 2.400 €, con una inversión en factores de producción de 350 €.

▮ Empresa C: facturó por un importe de 2.900 €, con una inversión en factores de producción de 2.000 €.

Calcule la productividad de cada empresa indicando cuál de las tres es más productiva.

_____
_____
_____
_____
_____
_____
_____

15. Determine cómo actuar ante los siguientes ladrones de tiempo:

a. El asistente a la dirección recibe llamadas durante todo el día de forma ininterrumpida, lo que le impide concentrarse en su trabajo.

_____
_____

b. Existe un gran número de llamadas que realizar.

_____

_____

c. Se ha concluido el objeto a tratar con una visita, pero esta se sienta a conversar tranquilamente, y solo faltan 2 minutos para que acuda otra persona a la que se ha citado.

_____

_____

d. A la hora de convocar el número de asistentes a una reunión.

_____

_____

Capítulo 2
Procesos y procedimientos del tratamiento de la información en la empresa. El archivo

Contenido

1. Introducción

Una de las principales funciones encomendadas al asistente a la dirección es la gestión del archivo y control de la documentación. Por ello, el personal encargado de las tareas de archivo debe estar debidamente formado y conocer perfectamente las normas y métodos de archivo.

Se conocen los riesgos que conlleva amontonar papeles y documentos en el escritorio pensando: "mañana se archivarán". La realidad demuestra que en la mayoría de los casos se pospone esta actividad, ya que nunca es el momento de hacerlo. Pasado el tiempo, el documento no aparece cuando se necesita y se es incapaz de recordar dónde se dejó. Es necesario ser consciente de que mientras se busca aquello que se ha perdido, se desperdicia un tiempo valioso que podría dedicarse a otras tareas más importantes, ya que se tarda mucho más tiempo en buscar algo que en archivarlo correctamente. El tiempo que se tarda en archivar no es tiempo perdido, tal y como se tiende a pensar de forma inconsciente.

La función de archivo es una tarea relativamente fácil, pero también implica conocimiento, destreza e intuición. La finalidad del presente capítulo es que el futuro asistente a la dirección adquiera los conocimientos necesarios para gestionar el archivo de forma eficaz, elabore normas y métodos de archivo útiles y lógicas y sepa aplicar el método de ordenación más apropiado en función de los documentos existentes en la empresa.

También se tendrán en cuenta otros soportes distintos del papel utilizados en la actualidad, así como el tratamiento del correo electrónico y las bases de datos que ofrecen las aplicaciones informáticas.

2. Flujo documental en la empresa

En todas las empresas se reciben, tramitan y envían una gran cantidad de documentos de forma diaria (cartas, informes, correos electrónicos, faxes, anuncios, etc.). La introducción de las nuevas tecnologías en el ámbito empresarial ha contribuido a reducir notablemente el volumen de papel existente en las empresas, lo que ha llevado a hablar de "la empresa sin papeles", no obstante, el uso del mismo sigue siendo bastante elevado en la actualidad.

Es obvio que estos documentos no pueden estar presentes en la empresa de cualquier manera. Así, se hace necesaria la existencia de un sistema que agrupe, ordene y clasifique dichos documentos, de forma que puedan ser localizados en el momento en que se necesiten. De ahí la importancia del **archivo** en la empresa, ya que la rapidez y efectividad de su gestión aporta innumerables beneficios a la organización desde el punto de vista de la eficacia y la rentabilidad.

Con la documentación que entra en la oficina, el asistente a la dirección debe hacer lo siguiente:

- Archivarla.
- Aplazar su tratamiento.
- Entregarla al departamento que corresponda.
- Procesarla: responder a una carta, elaborar un informe y firmar lo que corresponda.
- Eliminarla y tirarla a la papelera.

 **Consejo**

Un elemento muy práctico para realizar una primera clasificación de la documentación que entra en la empresa es la utilización de las bandejas de entrada.

No toda la documentación que se recibe debe ser archivada. De hecho, la eliminación de documentos inútiles o inservibles es una clave fundamental en el desarrollo y organización del trabajo del asistente a la dirección, ya que la acumulación en la oficina de ingentes cantidades de papel obstaculiza el trabajo enormemente.

A la hora de arrojar un documento a la papelera es preciso tener en cuenta una serie de factores, como: evitar duplicidades, conocer el plazo legal de conservación de documentos, eliminar la información que se haya quedado obsoleta, identificar cuándo el contenido es irrelevante, etc.

2.1. El archivo

La **Ley 16/1985, de 25 de junio, del Patrimonio Histórico Español** ofrece la siguiente definición de archivo: "son archivos los conjuntos orgánicos de documentos, o la reunión de varios de ellos, reunidos por las personas jurídicas, públicas o privadas, en el ejercicio de sus actividades, al servicio de su utilización para la investigación, la cultura, la información y la gestión administrativa. Asimismo, se entienden por archivos las instituciones culturales donde se reúnen, conservan, ordenan y difunden para los fines anteriormente mencionados dichos conjuntos orgánicos".

De la anterior definición se pueden extraer dos elementos necesarios para que exista un archivo:

- Un conjunto ordenado de documentos.
- Un espacio físico donde reunir o almacenar dichos documentos.

Funciones y finalidades del archivo

El archivo debe cumplir las siguientes funciones:

- Almacenar y conservar la documentación de la empresa.
- Permitir la localización de los documentos archivados de forma rápida.

Las **finalidades** del archivo son:

- Constituir el lugar donde se concentra la totalidad de la información documental existente en la empresa.
- El almacenamiento de documentos o cualquier otro tipo de elementos en una empresa conlleva unos gastos. El personal responsable de las tareas de archivo debe conseguir reducir al máximo el coste de almacén, garantizando al mismo tiempo una óptima prestación de servicios.
- El archivo debe reunir unas condiciones materiales y medioambientales que garanticen la perfecta conservación de los documentos a lo largo del tiempo. Para ello se deben tener en cuenta factores como: humedad, temperatura, iluminación, insectos, etc.

? Sabía que...

Según varios estudios realizados, los empleados administrativos pierden un 11 % aproximadamente de su tiempo buscando información en las empresas.

Clases de archivos

Existen varios criterios de clasificación del archivo: la frecuencia con la que se consultan los documentos, la procedencia de los mismos, el lugar donde estos se ubican, etc.

Frecuencia de uso

Si se tiene en cuenta la **frecuencia de uso de los documentos** se distinguen tres tipos de archivos: archivo activo, semiactivo e inactivo o pasivo.

Archivo activo

Este tipo de archivo contiene la documentación que se consulta con más frecuencia. Como se sabe, debe estar ubicado cerca de la mesa-escritorio o lugar de trabajo, preferentemente en las cajoneras auxiliares, de forma que permita su utilización sin levantarse de la silla.

Archivo semiactivo

En él se deposita la documentación procedente del archivo activo, que ya no se utiliza de forma frecuente, pero que se encuentra disponible para realizar consultas cuando sea necesario. Pasado el tiempo, estos documentos se ubicarán en el archivo inactivo. El tiempo de permanencia será fijado por la organización.

Este tipo de archivo se encuentra normalmente cerca del archivo activo, y se suelen utilizar preferentemente las capetas A-Z.

Archivo inactivo o pasivo

Contiene aquella documentación que ya no está vigente, pero posee un valor histórico, jurídico o documental para la empresa, y por tanto, se consulta esporádicamente. También es denominado **archivo histórico o corporativo.** Normalmente se coloca en un lugar apartado del puesto de trabajo, en un almacén o dependencia similar, donde existen estanterías adaptadas a tal fin.

Cuando la ley lo permita o los responsables del archivo así lo estimen conveniente, estos documentos serán destruidos.

Lugar donde se guardan

Si se tiene en cuenta el **lugar** donde se guardan los documentos se pueden distinguir tres clases de archivos: archivo centralizado, descentralizado y mixto.

Archivo centralizado

Se trata de un único archivo central que contiene toda la documentación de la empresa.

Este tipo de archivos permite reducir considerablemente los costes derivados de las instalaciones, equipos y personal destinado a su gestión y control. Por otro lado, se adapta perfectamente a pequeñas empresas, ya que todos los documentos están a disposición de sus empleados. Al existir un solo archivo existirá una única persona responsable del mismo.

Archivo descentralizado

En este caso existirán tantos archivos como secciones o divisiones tenga la empresa. Todos los trabajadores podrán acceder al archivo del departamento del que forman parte, lo que agiliza notablemente la búsqueda y localización de un documento. No obstante, es conveniente que existan personas responsables del mismo.

Archivo mixto

Este tipo de archivos resulta de la utilización conjunta de los dos anteriores. Así, se pueden distinguir dos modalidades:

▪ La empresa dispone de un archivo central que concentra la totalidad de la documentación, pero al mismo tiempo, cada departamento mantiene su propio archivo.
▪ Existe un archivo en cada departamento, pero cuando los documentos de estos archivos ya no están vigentes, se depositarán en el archivo central de la empresa.

3. Clasificación de los documentos

Se ha dicho anteriormente que un archivo es un conjunto ordenado de documentos. Ahora bien, ¿qué tipo de documentos pueden o deben ser clasificados?

3.1. Vitales, útiles, importantes, necesarios, transitorios, desechables

Un **documento vital** es aquel que tiene una importancia trascendental para la empresa. Por ejemplo, la escritura pública de constitución o los estatutos.

Estos documentos deben ser archivados y custodiados con sumo cuidado, ya que la pérdida o deterioro de los mismos podría tener consecuencias legales o jurídicas.

Los **documentos importantes,** aun teniendo un valor considerable, no son "vitales" en el funcionamiento de la empresa. Un ejemplo serían los documentos fiscales o bancarios de la empresa o los libros de contabilidad obligatorios (Libro de Inventario y Cuentas Anuales y Libro Diario).

Los **documentos útiles** son aquellos que se utilizan habitualmente por el personal de la organización, aunque tampoco han de tener necesariamente la consideración de vitales o importantes. Es obvio que la calificación de documento "útil" en una empresa dependerá de la actividad objeto de la misma.

Por ejemplo, en un bufete de abogados merecerían tal calificativo los documentos relacionados con los juicios de clientes que aún están por concluir.

Estos documentos deben estar siempre en un lugar cercano al puesto de trabajo, esto es, en el archivo activo, ya que serán consultados de forma frecuente.

Documentos necesarios son, como su propio nombre indica, aquellos que son necesarios para el funcionamiento de la organización. Por ejemplo, en una empresa dedicada a la compraventa de accesorios de cocina, documentos necesarios serían las facturas, albaranes, notas de pedido, etc.

Los **documentos** que han perdido su vigencia dentro de la empresa se denominan **transitorios.** Anteriormente se puso como ejemplo de documentos útiles los relativos a juicios de clientes que están por concluir, pues bien, cuando estos juicios han concluido sin posibilidad de recurso, pueden trasladarse al archivo inactivo o pasivo, ya que es poco probable que vayan a utilizarse de nuevo porque han perdido vigencia.

Finalmente, los **documentos desechables** son aquellos que pueden ser destruidos o eliminados, bien porque la legislación aplicable lo permite o porque existe la seguridad de que no van a volver a ser utilizados.

 Ejemplo

La Ley General Tributaria establece la obligación de conservar las facturas durante cuatro años.

Actividades

1. Clasificar los siguientes documentos (vitales, útiles, importantes, necesarios, transitorios, desechables):

   ▪ Contrato de arrendamiento del local de la empresa.
   ▪ Proyectos de obras en una empresa de construcción.
   ▪ Borradores actuales de declaraciones de IRPF de los clientes de una asesoría laboral durante el plazo de presentación de las mismas.
   ▪ Facturas expedidas hace once años.
   ▪ Declaraciones de IRPF del año anterior de los mismos clientes del caso anterior.
   ▪ Modelos de declaración-liquidación de IVA efectuada por la empresa en el año actual.
   ▪ Expedientes administrativos de personas que han fallecido.

2. Clasificar los siguientes tipos de archivo:

   ▪ La empresa dispone de un único archivo para toda la empresa.
   ▪ Archivo perteneciente al departamento de ventas en una empresa que dispone únicamente de un archivo en cada departamento.
   ▪ Archivo ubicado en el sótano de la empresa consultado de forma esporádica.
   ▪ Archivo colocado en un armario modular, alejado de la mesa escritorio, cuyos documentos se trasladarán al archivo inactivo pasados cuatro años desde su recepción.
   ▪ Archivo ubicado en un armario bajo colocado al lado de la mesa-escritorio.

3.2. Documento, informe, expediente, dossier, valija y otros

El fin de todo archivo es conservar, de forma ordenada, un conjunto de documentos.

 Definición

Documento
Según la Ley 16/1985, de 25 de junio, del Patrimonio Histórico Español, se entiende por documento "toda expresión en lenguaje natural o convencional y cualquier otra expresión gráfica, sonora o en imagen, recogidas en cualquier tipo de soporte material, incluso los soportes informáticos".

Un archivo puede contener una gran variedad de documentos. A continuación se describirán los más importantes y utilizados en el ámbito empresarial.

Informe

Los informes son documentos de juicio, ya que contienen información objetiva acerca de materias o circunstancias que la organización empresarial necesita para tomar decisiones o actuar de determinada forma.

Un informe puede versar sobre materias muy variadas. Por ejemplo, un informe económico-financiero de la empresa, un informe sobre un empleado determinado, etc. Así, el informe es un documento confidencial o muy restringido, ya que contiene información y datos relativos a la empresa, por lo que es aconsejable que no salga del ámbito de la misma.

La persona o personas que redactan un informe han de ser expertos en la materia. Es decir, si la organización necesita un informe del estado contable de la empresa, la persona encargada de realizarlo deberá tener conocimientos económicos y contables. Asimismo, deberá redactarlo de forma impersonal y omitiendo consideraciones personales o subjetivas.

Se pueden clasificar los informes atendiendo a diversos criterios:

- Según su procedencia:

  - **Informes internos.** Son aquellos que proceden de personas o departamentos de la propia empresa, relativos a asuntos o situaciones que se producen en la misma.
  - **Informes externos.** Son realizados por personas u organismos ajenos a la empresa que encarga su realización.

- Según el modo de realizarlo:

  - **Informe descriptivo o demostrativo.** La persona que realiza el informe describe los datos o hechos de forma objetiva, sin analizar el contenido del mismo.
  - **Informe valorativo.** Además de exponer datos o situaciones se lleva a cabo una interpretación de los mismos, y se plantean las conclusiones oportunas.

- Según el tipo de informe:

  - **Informe personal.** Ofrece información relativa a las características profesionales de una persona. Es llevado a cabo por el departamento de recursos humanos cuando se pretende contratar a alguien, cuando una empresa solicita a otra referencias acerca de un/a trabajador/a, etc.
  - **Informes económicos-financieros de la empresa.** Relativos a la contabilidad de la empresa: el balance, cuenta de pérdidas y ganancias, análisis de las masas patrimoniales, etc.
  - **Informes comerciales.** Contienen datos sobre la actividad comercial de la empresa: volumen de producción, índice de ventas, clientes, proveedores, deudores, etc.

- Otros informes: informe de *marketing,* de recursos humanos, medioambientales, etc.

El informe se divide en varias **partes,** que son, generalmente:

- Portada.
- Índice.
- Introducción.
- Cuerpo principal.
- Conclusiones.
- Anexos (si se estima necesario).

Expediente

Se trata del conjunto de documentos y diligencias efectuadas en una oficina sobre un asunto o negocio. En el ámbito de las Administraciones Públicas constituye el conjunto de documentos y actuaciones que anteceden a la resolución administrativa.

Dossier

Un dossier es un conjunto agrupado de documentos o informes relativos a una persona o un asunto determinado. Los documentos que contiene pueden ser diversos: gráficos, estadísticas, informes, certificados, fotografías, etc.

 Sabía que...

La palabra dossier es de origen francés y significa "informe" o "expediente".

Valija

Se trata de un servicio de recogida, transporte y entrega urgente de documentos y mercancías agrupados en un embalaje. En el contrato se eligen los días y horarios de recogida y entrega deseados por la empresa, por lo que es muy útil para aquellas empresas que intercambian correspondencia de forma periódica entre varios puntos de España.

Cartas y correspondencia

Organizar y clasificar adecuadamente la correspondencia enviada y recibida en las empresas es fundamental en la gestión de archivo. El motivo o tipología de las cartas puede ser muy variado, pero las más frecuentes e importantes suelen ser las cartas comerciales. Estas son utilizadas en el ámbito empresarial con distintas finalidades: realizar o aceptar pedidos, solicitar información a proveedores, efectuar reclamaciones o rectificaciones, comunicar el envío de mercancías o la cancelación de las mismas, informar a los clientes sobre ofertas, o solicitar el cobro de un impago. Se trata de documentos de transmisión de información.

Es imprescindible que el asistente a la dirección tenga conocimientos que le permitan redactar con claridad, brevedad y corrección la correspondencia comercial, ya que constituye una herramienta indispensable en el funcionamiento de la organización empresarial y sus relaciones con el exterior.

Otros documentos de **transmisión de información** utilizados en la empresa son: la circular, el memorando, la instancia, el recurso y el oficio.

Circular

Una circular es una carta o comunicado que transmite la misma información a muchas personas. Este tipo de documento se puede utilizar para anunciar un acontecimiento, evento o novedad que se produzca en la empresa. Puede ser interna, es decir, la información se envía a los trabajadores de la misma empresa (un cambio de horario en la empresa), o externa, cuando está dirigida a personas ajenas a la organización (anuncio de ofertas a clientes).

La circular ha de estar redactada de forma impersonal, clara y concisa.

Memorando o *memorándum*

El memorando o *memorándum* es un comunicado que transmite información entre personas o departamentos de la misma empresa. La diferencia con la circular de carácter interno estriba en el número de destinatarios, que suele ser mayor en estas últimas. Por ejemplo, el memorando se puede utilizar para solicitar un informe a un departamento o dar órdenes e instrucciones a un grupo de trabajadores.

 Sabía que...

La palabra memorando proviene del latín memorándum, y significa "cosa que debe recordarse".

A la hora de redactar un memorando se deben tener en cuenta sus elementos básicos:

- Membrete y fecha.
- Destinatario.
- Remitente.
- Asunto.

Los memorandos no utilizan las fórmulas inicial y final de saludo y despedida, y no se requiere la firma de la persona, órgano o sección que lo envía.

Otros comunicados de régimen interno utilizados en una empresa serían el aviso o la convocatoria de reunión o asamblea.

Existen algunos documentos formales de transmisión de información que utiliza la Administración pública para comunicarse con particulares, organizaciones empresariales u órganos de la propia Administración. De forma resumida se pueden citar los siguientes: la instancia, el recurso y el oficio.

 Importante

En la convocatoria de reunión se debe hacer constar la fecha, hora y lugar de la reunión, así como el orden del día.

La instancia

Es un documento escrito que utiliza un particular para realizar una petición a la Administración pública. Por ejemplo: solicitar una licencia de obras, una licencia de apertura o una beca.

Los ayuntamientos y organismos públicos suelen disponer de modelos normalizados de instancia. En todo caso, esta ha de tener un contenido mínimo, que sería:

- Encabezamiento: con los datos de la persona física o jurídica que efectúa la petición (nombre y apellido, DNI o NIF y domicilio a efectos de notificaciones).
- Expone o expongo: el solicitante describe todo aquello que crea conveniente relativo a la causa o hechos que motivan su petición.
- Solicita: parte del cuerpo en el que la persona expone su petición de forma clara y detallada, de conformidad con lo expuesto anteriormente.
- Localidad, fecha, nombre y firma del solicitante.
- Autoridad u órgano de la Administración al que va dirigida la instancia, escrito en mayúsculas y utilizando el tratamiento adecuado al rango o puesto del destinatario. Por ejemplo: ILMO. SR. SECRETARIO GENERAL DE LA DELEGACIÓN DEL GOBIERNO DE ALMERÍA.

Importante

Nunca se debe poner el nombre de la persona o autoridad a la que va dirigida la instancia, aunque se conozca. Lo correcto es señalar el cargo que esta ocupa dentro de la Administración.

El recurso

Los ciudadanos pueden recurrir los actos administrativos dictados por la Administración que afecten a sus derechos o intereses legítimos. Mediante la interposición del recurso, el interesado pretende que la Administración pública modifique o revoque dicho acto administrativo. Por ejemplo, un ciudadano puede recurrir la interposición de una multa.

La **Ley 39/2015, de 1 de octubre, del Procedimiento Administrativo Común de las Administraciones Públicas** establece que la interposición del recurso deberá expresar:

- El nombre y apellidos del recurrente, así como la identificación personal del mismo.
- El acto administrativo que se recurre y la razón de su impugnación.
- Lugar, fecha, firma del recurrente, identificación del medio y, en su caso, del lugar que se señale a efectos de notificaciones.
- Órgano, centro o unidad administrativa al que se dirige el recurso.
- Las demás particularidades exigidas, en su caso, por las disposiciones específicas.

Oficio

Los organismos oficiales y departamentos de la Administración pública utilizan este documento para comunicarse entre ellos o transmitir información a los ciudadanos.

El oficio tiene la siguiente estructura:

- Encabezamiento.
- Cuerpo.
- Finalización y destinatario, esto es, persona, organismo o entidad a la que va dirigida el oficio.

 Ejemplo

Cuando un ciudadano solicita algo a la Administración pública a través de una instancia o recurso, esta puede responder a la solicitud mediante el oficio.

Finalmente, cabe señalar los **documentos de constancia,** como el acta y el certificado. Son denominados así porque su finalidad es acreditar la posesión de determinados conocimientos o la existencia de algún hecho o suceso.

Acta

Se trata de un documento escrito cuya finalidad es dejar constancia de todo lo que ocurra en una reunión, de los puntos que se tratan durante la misma y los acuerdos a los que se han llegado.

El contenido del acta será el siguiente:

- **Lugar, fecha y hora** de celebración de la reunión.
- **Nombre y apellidos** de los **asistentes** a la misma.
- **Orden del día,** en el que se indican los asuntos a tratar.
- **Desarrollo de la sesión y acuerdos adoptados,** así como el resultado de cada una de las **votaciones** que se realicen durante el transcurso de la reunión.
- **Cierre, hora** de finalización de la reunión y **firmas** de los asistentes, del **presidente y del secretario o secretaria.** Este último será el encargado de levantar el acta.

Certificado

Se utiliza para constatar determinadas circunstancias, por ejemplo, la realización de un pago o la posesión de una titulación o experiencia profesional.

La estructura de un certificado es la siguiente:

- **Encabezamiento,** con el membrete de la empresa u órgano de la Administración que emite el certificado. En el encabezamiento aparecerá el cargo, nombre y apellidos de una persona física que emite el certificado en nombre de la organización a la que representa.
- **Cuerpo,** con la expresión **"CERTIFICA",** seguida del hecho o circunstancia de la que se quiere dejar constancia.
- **Cierre,** con la fórmula **"Y PARA QUE CONSTE A LOS EFECTOS OPORTUNOS, FIRMA EL PRESENTE CERTIFICADO...".** A continuación se

reflejará el lugar, la fecha de expedición (escrita sin números) y la firma de la persona que emite el certificado. Cuando sea necesario se incluirá el visto bueno **(Vº Bº)** de un superior jerárquico.

Actividades

3. Clasificar los siguientes informes, utilizando varios criterios a la vez:

   ı El departamento de ventas solicita al departamento de recursos humanos el informe de un trabajador valorando si sería conveniente un ascenso.
   ı Informe resultante de una auditoría externa de la empresa en la que se reflejan datos obtenidos de estadísticas de ventas, así como su evolución en los últimos cinco años.
   ı La dirección de la empresa solicita al departamento contable la memoria anual sobre estados contables.

4. Determinar si los siguientes documentos son una circular o un memorando:

   ı El documento informa a todos los trabajadores de una empresa sobre la subida salarial derivada del nuevo convenio colectivo negociado.
   ı La empresa informa al departamento de ventas acerca de la aplicación de un descuento del 20 % en una nueva línea de productos.

5. Redactar una instancia dirigida al concejal de cultura del ayuntamiento de su localidad solicitando una subvención para llevar a cabo una exposición.
6. Redactar un certificado acreditando la superación del primer nivel de inglés en la Escuela Oficial de Idiomas de su provincia por Doña Alicia Sánchez Carmona.

3.3. Reservado, restringido, privado, público

Las empresas disponen en sus archivos de documentos que contienen información muy variada: nombres de clientes y proveedores, direcciones, contratos de trabajo, informes personales, datos legales, etc. Por ello, estos documentos no pueden estar al alcance de cualquier persona o trabajador.

Es necesario que el archivo de la empresa esté debidamente custodiado y controlado por personal especializado, que deberá conocer la legislación específica en materia de protección de datos que están obligadas a cumplir las empresas. En este sentido, cabe citar la **Ley Orgánica 3/2018, de 5 de diciembre, de Protección de Datos Personales y garantía de los derechos digitales,** en adelante **LOPDGDD,** cuyo objeto es adaptar las normas legales españolas al Reglamento (UE) 2016/679, de 27 de abril de 2016, (RGPD), sobre la protección de las personas físicas y más concretamente el tratamiento de sus datos personales y su libre circulación; además de garantizar los derechos digitales de los ciudadanos.

Desde el punto de vista de la privacidad del contenido documental y la posibilidad de acceso a los mismos por parte de terceros, se pueden distinguir cuatro tipos de documentos. Estos se describen a continuación.

Documento reservado

Se trata de aquellos documentos a los que solo puede acceder personal autorizado debido al carácter privado o confidencial de la información que contienen. Generalmente, un documento tendrá carácter reservado si así lo establece una disposición legal.

 Importante

Los ficheros creados por las Fuerzas y Cuerpos de Seguridad contienen datos de carácter personal que incluso pueden ser obtenidos sin consentimiento de las personas afectadas durante el transcurso de una investigación, y cuando sea necesario, para prevenir un peligro real para la seguridad pública.

La LOPDGDD establece que los datos personales registrados con fines policiales se cancelarán cuando no sean necesarios para las averiguaciones que motivaron su almacenamiento.

Documento restringido

El acceso a este tipo de documentos se limita a una serie de personas, que deberán reunir una serie de requisitos para tener acceso a los mismos. Por ejemplo, ser titular de un interés legítimo.

Los archivos del departamento de recursos humanos de una empresa contienen información privada de sus empleados, como datos tributarios o de Seguridad Social, test de personalidad, evaluación de competencias profesionales o reconocimientos médicos. Por ello, la utilización del archivo o base de datos estará restringido al personal de este departamento que necesita consultar esta documentación para realizar su trabajo, pero no al resto de trabajadores. Asimismo, el trabajador tiene derecho a conocer toda la documentación que la empresa posea sobre su persona.

El acceso a un documento reservado, también está restringido a determinadas personas.

Documento privado

Se trata de documentos que no están disponibles al público en general por poseer información confidencial, secreta o personal.

El RGPD ofrece la siguiente definición de **datos de carácter personal:** "toda información sobre una persona física identificada o identificable". Así, establece que el tratamiento y comunicación a terceros de este tipo de datos "requiere el consentimiento inequívoco del afectado, salvo que la ley disponga otra cosa, pudiendo revocar este consentimiento en cualquier momento".

La ley otorga una **especial protección** a aquellos datos de carácter personal, como ideología, religión, creencias, afiliación sindical, origen racial, salud y vida sexual. De esta forma, se han de adoptar las medidas necesarias para garantizar la seguridad de los datos de carácter personal, evitando así su pérdida o tratamiento sin autorización, así como a guardar secreto profesional respecto de los mismos.

Documento público

La LOPDGDD recoge en su artículo 26 el tratamiento de los datos con fines de archivo público por parte de las AAPP. Así indica: "Será lícito el tratamiento por las Administraciones Públicas de datos con fines de archivo en interés público, que se someterá a lo dispuesto en el Reglamento (UE) 2016/679 y en la presente ley orgánica con las especialidades que se derivan de lo previsto en la Ley 16/1985, de 25 de junio, del Patrimonio Histórico Español, en el Real Decreto 1708/2011, de 18 de noviembre, por el que se establece el Sistema Español de Archivos y se regula el Sistema de Archivos de la Administración General del Estado y de sus Organismos Públicos y su régimen de acceso, así como la legislación autonómica que resulte de aplicación."

 Importante

La Ley 16/1985, de 25 de junio, del Patrimonio Histórico Español establece que "los documentos que contengan datos personales de carácter policial, procesal, clínico o de cualquier otra índole que puedan afectar a la seguridad de las personas, a su honor, a la intimidad de su vida privada y familiar y a su propia imagen, no podrán ser públicamente consultados sin que medie consentimiento expreso de los afectados o hasta que haya transcurrido un plazo de veinticinco años desde su muerte, si su fecha es conocida, o, en otro caso, de cincuenta años a partir de la fecha de los documentos".

 Actividades

7. Clasificar los siguientes documentos en las categorías de reservado, restringido, privado o público, pudiendo aplicar una o dos de dichas categorías:

ı Secreto de sumario declarado por un juez para preservar el buen funcionamiento de la investigación.

Continúa en página siguiente >>

<< Viene de página anterior

ı Resultados de evaluaciones de salud obligatorias llevadas a cabo por un servicio médico externo a la empresa.
ı Números de teléfono, estado civil, pertenencia a un sindicato y correo electrónico personal del trabajador incluidos en una ficha de datos personales.
ı Censo electoral de trabajadores que pueden votar en las elecciones sindicales convocadas en la empresa.

3.4. Métodos: ordenación alfabética, numérica, por índice temático, cronológica y toponímica

Para archivar los documentos en la empresa se pueden utilizar distintos métodos de ordenación. A la hora de optar por un criterio u otro se deben tener en cuenta algunos aspectos:

- La actividad que desarrolla la empresa y las necesidades de archivo de la misma.
- Se ha de emplear la lógica a la hora de aplicar un método u otro.
- Si la empresa archiva grandes cantidades de documentos es aconsejable combinar varios métodos.
- Los criterios utilizados para clasificar u ordenar documentos han de ser aplicados de forma rigurosa y constante.
- El sistema elegido debe ser fácil y sencillo, permitiendo localizar los documentos de forma rápida y eficaz.

A continuación, se expondrán los métodos de ordenación más usados en las organizaciones.

Método de ordenación alfabética

Este sistema de clasificación consiste en ordenar la documentación siguiendo el orden de las letras del alfabeto.

? Sabía que...

El método de ordenación alfabética es uno de los más antiguos, sencillos y habituales que existen.

Cuando el nombre que se va a ordenar está formado por más de una palabra, es necesario determinar cuál será la palabra que servirá de referencia para llevar a cabo su clasificación en el archivo.

Sistema de ordenación alfabética

A continuación, se expondrán algunas reglas de ordenación:

- Si se trata de **nombres de personas físicas,** la palabra que se tomará de referencia para su ordenación es el primer apellido.
  Ejemplo: Gómez López, Daniel; Hernández Prieto, Alicia.
- Si existen dos personas con el mismo apellido se tendrá en cuenta el segundo apellido. Y si coinciden los dos apellidos, se ordenará por el nombre.
  Ejemplo: Gómez López, Daniel; Gómez López, Eduardo.

- Si los nombres y apellidos fueran idénticos se utilizarán criterios de diferenciación, por ejemplo, el Documento Nacional de Identidad, profesión, nota de examen, méritos, dirección, etc.
- Cuando existen dos apellidos que comparten la misma raíz, el más corto siempre precede al largo.
  Ejemplo: Fernán Gómez, Gonzalo; Fernández Carrillo, Raquel.
- En el caso de apellidos con artículos delante, por ejemplo, De los Reyes, no se tomarán en consideración estos artículos. Así, la letra a tener en cuenta será la "R", y se ordenará de la siguiente forma: Reyes De los, Javier. Actualmente se está abandonando esta forma de ordenación, manteniendo los artículos y preposiciones delante del apellido. Así, De los Reyes, Javier. Lo importante es fijar de antemano cuál será la regla a adoptar y aplicarla con rigor durante toda la vida de duración del archivo.
- En el caso de apellidos extranjeros, como Von, Van der, Du, Fitz, etc., siempre se incluyen en la ordenación.
  Ejemplo: Fitz Stuart, Peter; Von Bismarck, Otto.
- En el caso de apellidos compuestos, por ejemplo, García-Jurado, se clasificarán como si se tratara de una sola palabra. En este supuesto se tendría en cuenta la letra "G".
  Ejemplo: García-Jurado Trigo, Isabel; López-Gómez, Francisco.

Si se trata de ordenar documentos con **nombres de empresas** se atenderá a la razón o denominación social de la misma. Así, si incluye nombre y apellidos de alguna persona física, se aplicarán las reglas establecidas anteriormente para las personas físicas.

Si un artículo forma parte del nombre de la empresa será aconsejable que se tome en cuenta para archivar. Por ejemplo, *"El gato que lee"*. El problema se produce cuando existen demasiadas empresas que contienen el artículo, ya que en estos casos la búsqueda se hace más complicada.

Cuando la denominación social incluya expresiones como: *Viuda de, Hermanos..., Compañía, Sociedad en Comandita, Sociedad Limitada,* etc., dichas expresiones no se tomarán en consideración a la hora de efectuar la ordenación. Lo mismo ocurre con las expresiones genéricas que puedan acompañar al nombre de la empresa como, *restaurante, supermercado, lavandería,* etc.

Es aconsejable no utilizar abreviaturas en las expresiones que acompañan a la denominación social de las empresas, como: *Cía, Vda. de, S. Com.,* etc.

Finalmente, si la razón social de la empresa está compuesta de siglas, por ejemplo, *SETCO (Sociedad Española de Transportes y Comunicaciones, S. A.),* es recomendable utilizar el nombre completo en lugar de la sigla. No obstante, si se prefiere llevar a cabo la clasificación utilizando exclusivamente las siglas, se tendrá en cuenta la primera letra.

La clasificación de instituciones se realizará en el siguiente orden: nombre de la institución y sección o división, por ejemplo, *Delegación de educación. Sección recursos humanos.*

Finalmente, cuando el nombre de dos o más empresas u organizaciones sea idéntico, se tendrá en cuenta el nombre de la ciudad para ordenarlas alfabéticamente, por ejemplo, *Construcciones Maqueda, S. L. (Córdoba); Construcciones Maqueda, S. L. (Sevilla).*

Este sistema tiene como **ventaja** su sencillez, adaptabilidad y la posibilidad de realizar ampliaciones. Es adecuado cuando el archivo es pequeño o mediano, ya que de lo contrario sería necesario establecer gran cantidad de palabras de referencia, lo que haría muy lenta y complicada su gestión.

Si un documento se clasifica utilizando un criterio determinado, pero puede ser buscado de otra forma, se debería utilizar una *referencia cruzada* que indique dónde encontrar el documento. Por ejemplo, si se archiva un documento con el nombre o título *"El gato que lee",* pero también puede ser buscado por *"Gato que lee",* se introducirá un archivo que contenga la referencia cruzada con el nombre *"Gato que lee".*

 **Recuerde**

Los nombres o apellidos unidos con un guión se considerarán como si de una sola palabra se tratara.

 **Aplicación práctica**

Ordene los siguientes nombres utilizando el método de ordenación alfabética:

- Antonio Herrera García
- Laura de la Torre Pérez
- Dominique de Villepin Galouzeau
- Almudena Palmar Alegre
- Raúl Fernández Pérez
- Matilde Trigo Hurtado
- Encarna Rueda Nicasio
- Fernando Martín de la Rosa
- Mª José Fernán Domínguez
- Raquel Martín Bárcenas
- Francisco Jesús Fitz-James Stuart
- Esther Sánchez-Jurado González
- Ricardo Palmar Alegre
- Clara Martínez Posadas
- Ana María Morillo Benítez
- Alberto Adorna Bono
- Pablo Rueda Gago
- Rosario Martín Ferrete

SOLUCIÓN

Para ordenar adecuadamente estos nombres se tomará como referencia el primer apellido, aplicando las reglas expuestas anteriormente. Así:

1. Adorna Bono, Alberto
2. De Villepin Galouzeau, Dominique
3. Fernán Domínguez, Mª José
4. Fernández Pérez, Raúl
5. Fitz-James Stuart, Francisco Jesús
6. Herrera García, Antonio
7. Martín Bárcenas, Raquel
8. Martín Ferrete, Ròsario
9. Martín Rosa de la, Fernando
10. Martínez Posadas, Clara
11. Morillo Benítez, Ana María
12. Palmar Alegre, Almudena
13. Palmar Alegre, Ricardo

Continúa en página siguiente >>

<< Viene de página anterior

14. Rueda Gago, Pablo
15. Rueda Nicasio, Encarna
16. Sánchez-Jurado González, Esther
17. Torre de la Pérez, Laura
18. Trigo Hurtado, Matilde

 Aplicación práctica

Ordene los siguientes nombres de empresa utilizando el método de ordenación alfabética:

I El Mundo de los Niños, S. L.
I Hermanos Valverde
I Viuda de Alberto Cifuentes
I Bar La Abuela Carmen
I Comebien, Sociedad Limitada
I Electrodomésticos Andalucía, S. L. (Córdoba)
I Banco de Ahorros Popular Hispano (BAPH)
I Compañía La Industrial
I Electrodomésticos Andalucía, S. L. (Almería)
I Sintal, S. A.
I Academia Miguel de Cervantes
I Sociedad Colectiva Mercafrutas
I Registro Principal del Ministerio de Educación, Cultura y Deportes

SOLUCIÓN

1. Abuela Carmen, Bar La
2. Alberto Cifuentes, Viuda de
3. Banco de Ahorros Popular Hispano (BAPH)
4. Comebien, Sociedad Limitada
5. El Mundo de los Niños, S. L.
6. Electrodomésticos Andalucía, S. L. (Almería)
7. Electrodomésticos Andalucía, S. L. (Córdoba)
8. Industrial, Compañía La
9. Mercafrutas, Sociedad Colectiva

Continúa en página siguiente >>

<< Viene de página anterior

10. Miguel de Cervantes, Academia
11. Ministerio de Educación, Cultura y Deportes, Registro Principal del
12. Sintal, S. A.
13. Valverde Hermanos

Método de ordenación numérica

Este sistema consiste en ordenar los documentos asignando un número correlativo a cada uno de ellos.

 Importante

Este método se utiliza con frecuencia para archivar expedientes (piénsese en la Administración pública) y facturas, ya que estas han de estar numeradas por orden correlativo de fechas y numeración.

La gestión del archivo mediante este sistema es muy fácil. Cuando se abre un expediente nuevo se le asigna un número correlativo al último que fue abierto. Cuando este expediente se archiva, se coloca a continuación de aquél que contenga el número anterior. Lo habitual es que la numeración de los documentos se haga en orden ascendente.

Método de ordenación numérica

Este sistema de archivo es rápido, sencillo y permite ampliaciones, por lo que es aconsejable su utilización en grandes archivos. Sin embargo, presenta un inconveniente: cada número de expediente está relacionado con un asunto, nombre, etc., por lo que será bastante complicado encontrar un expediente si se desconoce el número del mismo. Por ello será necesario establecer un listado que asocie cada número con el tema al que está referido. Esto puede suponer una gran pérdida de tiempo, pero en la actualidad, el desarrollo de las aplicaciones informáticas permite llevar a cabo esta tarea de forma rápida y eficaz.

 **Ejemplo**

Un ejemplo de listado o índice temático sería:

1. LITERATURA

    1.1. AUTORES ESPAÑOLES E HISPANOAMERICANOS

        1.1.1. Siglo XIX
        1.1.2. Siglo XX

    1.2. AUTORES EXTRANJEROS

2. FILOSOFÍA

    2.1. PRESOCRÁTICOS

        2.1.1. Heráclito
        2.1.2. Parménides

    2.2. SÓCRATES
    2.3. PLATÓN

        2.3.1. La Utopía
        2.3.2. La Cosmogonía

    2.4. ARISTÓTELES

        2.4.1. La Metafísica
        2.4.2. La Ética

Método de ordenación por índice temático

El sistema de ordenación por índice temático consiste en clasificar los documentos según un índice de **asuntos o materias** determinado (clientes, proveedores, accesorios de baño, contabilidad, etc.). A continuación, cada grupo temático se ordenará utilizando otro criterio: el alfabético, numérico, cronológico, etc.

La utilización de este sistema de clasificación permite localizar rápidamente cualquier documento en el archivo, y se pueden añadir tantas materias como se desee. Este método se suele utilizar en las bibliotecas.

Para la correcta gestión del archivo mediante este criterio es importante efectuar un listado o índice de materias que permita ubicar correctamente cada documento. Asimismo, la persona encargada del archivo debe conocer perfectamente este listado.

El principal inconveniente de la utilización de este criterio aparece cuando un mismo documento permite su clasificación en varias materias al mismo tiempo. En estos casos es conveniente realizar varias copias del mismo, y ordenarlo en todas aquellas materias con las que esté relacionado para facilitar su localización.

 **Recuerde**

Si un documento permite su archivo en dos materias diferentes, también se puede hacer uso de referencias cruzadas.

Aplicación práctica

Clasifique las siguientes materias mediante el método de ordenación por índice temático utilizado en un bufete de abogados:

ASUNTO/MATERIA	CLIENTE
Demandas por despido	Mar Gutiérrez López
Declaración IRPF	Antonio Lara Mejías
Demandas por despido	Raúl González Araujo
Gestión de multas	Raquel Sánchez Araujo
Demanda de divorcio	Fátima Rueda Sánchez
Demandas por despido	Miriam Calzado Tovar
Declaración IRPF	Manuel Valencia Jurado
Gestión de multas	David Sánchez Ruiz
Demanda de divorcio	Joaquín Rueda Márquez-López

SOLUCIÓN

DESPIDO (DEMANDAS)

1. Calzado Tovar, Miriam
2. González Araujo, Raúl
3. Gutiérrez López, Mar

DIVORCIOS (DEMANDAS)

1. Rueda Márquez-López, Joaquín
2. Rueda Sánchez, Fátima

IRPF (DECLARACIÓN)

1. Lara Mejías, Antonio
2. Valenciano Jurado, Manuel

MULTAS (GESTIÓN DE)

1. Sánchez Araujo, Raquel
2. Sánchez Ruiz, David

Método de ordenación cronológica

Mediante este sistema los documentos son ordenados siguiendo un orden o criterio temporal. Se puede tener en cuenta la fecha de creación, de emisión, de recepción, etc.

La clasificación se realiza de la siguiente forma: **Año-Mes-Día (2023-junio-21),** y se efectuará en orden ascendente, es decir, de mayor a menor antigüedad.

Este sistema se utiliza principalmente en la ordenación de documentos que tienen una fecha de vencimiento relacionada con el pago o cobro de los mismos. También resulta muy útil para archivar la correspondencia de forma provisional. Por eso, en la mayoría de los casos se usa de forma complementaria al archivo principal y su duración es generalmente corta.

 Ejemplo

Algunos documentos con fecha de cobro o pago son la letra de cambio, el cheque, factura o pagaré.

Al igual que los anteriores, su gestión no presenta grandes dificultades y permite su ampliación. El único problema radica en que para localizar un documento de este tipo es necesario conocer la fecha exacta del mismo.

Un posible registro de efectos o letras de cambio emitidas a clientes con pago aplazado, muy útil para llevar un control de los mismos, sería el siguiente:

N.º Orden	N.º de Efecto	Nombre cliente	Fecha de vencimiento	Importe	Pago	Banco	Otros

Aplicación práctica

Clasifique los siguientes documentos utilizando el método de ordenación cronológica:

▎ 30 de diciembre de 2021.
▎ 4 de abril de 2022.
▎ 25 de junio de 2012.
▎ 1 de septiembre de 2012.
▎ 3 de septiembre de 2013.

▎ SOLUCIÓN

1. 25 de junio de 2012.
2. 1 de septiembre de 2012.
3. 3 de septiembre de 2013.
4. 30 de diciembre de 2021.
5. 4 de abril de 2022.

Método de ordenación toponímica

Mediante el sistema toponímico la documentación se clasifica en función del lugar geográfico relacionado con la misma (país, Comunidad Autónoma, ciudad o provincia, localidad y domicilio). Asimismo, los documentos ubicados dentro de las carpetas individuales del archivo se ordenarán siguiendo otro criterio, generalmente el cronológico o alfabético.

 Definición

Toponimia
Estudio del origen y significación de los nombres propios de lugar.

Este método de ordenación se recomienda en empresas que dispongan de varias delegaciones en distintas provincias cuando establezcan relaciones con clientes o proveedores repartidos geográficamente en distintas regiones, ciudades, etc., pero es aconsejable combinar este sistema con otros, por ejemplo, el numérico, alfabético o cronológico.

Se trata de un criterio de clasificación cuya gestión es muy sencilla, pero poco recomendable para archivos de grandes dimensiones, ya que complicaría mucho la ubicación y localización de los documentos.

 Actividades

8. Clasificar los siguientes documentos utilizando el método de ordenación toponímica:

CLIENTE	PROVINCIA
Carlos Baroja Leiva	Málaga
Isabel Jurado Tovar	Sevilla
Rocío Zafra Montes	Málaga
Ana Martínez Merino	Jaén
Manuel Muro Navarro	Sevilla
Carmen Pérez Cordón	Jaén
Fernando Salas Ruiz	Córdoba
Paula Luna Ballesteros	Huelva
Ana Sánchez Hurtado	Málaga
José Fernández Jiménez	Córdoba
Almudena Hidalgo Soler	Sevilla

Método de ordenación alfanumérica

En este sistema de archivo se combina el método alfabético y el numérico. Es decir, se utilizan letras y números de forma conjunta. Por ejemplo: P-123, 9-D, etc.

Si en primer lugar aparece una letra, el criterio a seguir para la ordenación será el alfabético. Si es un número, se utilizará el criterio numérico. En ambos casos con las reglas establecidas en cada uno de ellos.

Recuerde

Las normas de archivo aplicables en este método son las mismas que las estudiadas anteriormente en el método alfabético y numérico.

Este sistema permite multitud de combinaciones. Su principal inconveniente, al igual que en el método de ordenación numérica, es la necesidad de elaborar un listado o índice temático que asocie determinadas materias o temas a un código alfanumérico.

Ejemplo

Un ejemplo de clasificación alfanumérica sería:

1. PROVEEDORES

    1.1. CERROJOS DEL VALLE, S. L.

        1.1.C. Cheques
        1.1.F. Facturas
        1.1.O. Ofertas

2. CLIENTES

    2.1. LA PODEROSA, S. A.

        2.1.E. Efectos comerciales a cobrar
        2.1.F. Facturas

 **Actividades**

9. Ordenar los siguientes códigos alfanuméricos:

A-2	K-1
A-133	KG-74
AM-1	C-89
C-88	CG-45

10. Ordenar los siguientes códigos alfanuméricos:

33-AC	33-AY
1-F	13-F
11-ATM	886-JK
8-ATM	700-JK

3.5. Sistemas: tradicional, ordenador, microfilmar documentos. Soportes de archivo

A pesar del desarrollo de las nuevas tecnologías, el **soporte tradicional** de la documentación en las empresas sigue siendo el papel de forma predominante. No obstante, existen otros medios para el mantenimiento y conservación de la información que cada día están adquiriendo mayor importancia.

El uso de la informática en el ámbito laboral ha obtenido un protagonismo indiscutible, convirtiéndose en una herramienta de trabajo indispensable, no menos importante en lo que se refiere a las tareas de archivo. Así, a través de un escáner se puede digitalizar un documento y archivarlo en el ordenador, pudiendo imprimir una copia o enviarlo por correo electrónico cuando sea necesario. Este sistema de tratamiento de la información es cada vez más habitual en las empresas. Asimismo, el disco duro del **ordenador** es un soporte óptimo para el archivo de documentos.

? **Sabía que...**

Microfilmar documentos permite reducir los archivos, aproximadamente, en un 85% de lo que ocupan normalmente los archivos convencionales.

La gestión de la documentación del archivo también se lleva a cabo a través del uso de las aplicaciones informáticas: control de entradas y salidas de documentos, elaboración de índices, base de datos, tareas de búsqueda, etc.

La **microfilmación de documentos** es un sistema de archivo que consiste básicamente en reproducir en un soporte fotográfico en tamaño muy reducido el contenido original de un documento de papel.

Microfilm

Para visualizar el contenido del microfilm es necesario un equipo de microfilmación y elementos accesorios, por lo que resulta un procedimiento muy costoso.

Este sistema de archivo tiene como principal ventaja la durabilidad del material almacenado y el ahorro considerable de materiales y elementos de archivo, así como de gastos de mantenimiento. Asimismo, es un sistema que garantiza la seguridad de la información.

Además de los sistemas anteriores, actualmente existe una gran variedad de soportes de archivo, fruto del desarrollo de las tecnologías de la información. A continuación se citarán los más importantes:

- **CD-ROM:** es un soporte digital óptico en el que se puede almacenar una gran variedad de información (documentos, imágenes, etc.). Posee mayor capacidad de almacenamiento que el disquete, y la seguridad, en cuanto a la conservación de la información, es alta.
- **DVD:** es un disco que permite el almacenamiento de ficheros de texto, vídeo y audio. Al igual que el anterior, posee una gran capacidad de almacenamiento y la seguridad que ofrece también es alta.
- **Pen-drive:** es un dispositivo de almacenamiento de datos portátil. Al igual que el disquete y el CD-ROM se utiliza para almacenar y transferir información de un equipo a otro. A diferencia de los anteriores, el *pen-drive* posee mayor capacidad de almacenamiento, y es más cómodo, seguro y rápido.

Finalmente, es preciso destacar la importancia de internet y del uso del correo electrónico como medio de intercambiar documentos e información de forma rápida y eficaz.

4. Tratamiento de los documentos. Estrategias y características de un buen archivo

Una de las funciones del asistente a la dirección es la gestión del archivo y el tratamiento de la documentación. Pero esta tarea no debe desempeñarse de forma improvisada, por el contrario, es preciso establecer y conocer algunas reglas básicas para lograr un eficaz desempeño de estas funciones.

4.1. Tratamiento de los documentos

En primer lugar, se expondrán algunas medidas que debe adoptar el asistente a la dirección en relación al tratamiento de la documentación, como:

- Evitar la acumulación de montañas de papel en el lugar de trabajo. Para ello se deben ordenar y archivar los documentos en el mismo momento en que se reciben, manteniendo en el escritorio únicamente aquellos que se van a utilizar en el momento. Si esto no es posible, el documento se colocará en la bandeja de entrada o en una carpeta con la anotación: **"PENDIENTE DE ARCHIVO".**

- Siempre que se procese un documento (responder a una carta, elaborar un informe, etc.) es conveniente realizar una copia del documento y adjuntarlo a la respuesta que se emite. Por ejemplo, si se recibe una nota solicitando la elaboración de un informe, se adjuntará una copia de la misma al informe que se elabore.
- Los documentos con fecha de entrada más reciente han de colocarse encima de los demás o en la parte delantera de las carpetas.
- Utilizar clips o grapar aquellos documentos que deban estar unidos formando parte de un expediente o del mismo asunto. De este modo se evita traspapelar o perder algún documento importante.
- Destruir o eliminar aquellos documentos que no sean necesarios (publicidad, revistas, etc.).

 Recuerde

No se deben amontonar los documentos en el escritorio, es mejor archivarlos o eliminarlos.

4.2. Tratamiento de la correspondencia

Dentro del tratamiento de la documentación merece una especial atención el archivo de la correspondencia.

El asistente a la dirección será el encargado de organizar la correspondencia, por lo que deberá seguir una serie de pautas o hábitos:

- En primer lugar debe **clasificarla** en el momento de su recepción (cartas certificadas, urgentes, telegramas, paquetes, publicidad, etc.).
- Posteriormente **abrirá la correspondencia,** excepto aquella que sea privada o confidencial, y grapará el sobre con la carta si en su interior no aparece reflejada la dirección del remitente.

- A continuación **anotará** por fechas las entradas y salidas de correspondencia en el registro correspondiente de forma correlativa.
- Finalmente, las cartas y mensajes pueden depositarse en la bandeja de entrada a la espera de ser **distribuidas** entre las personas o departamentos correspondientes, o **archivadas** directamente.
- Algunas empresas disponen de un **archivo específico** para la correspondencia. Los criterios de ordenación utilizados pueden ser muy variados: por asuntos o materias, cronológico, alfabético, etc.
- Las cartas recibidas deben ser archivadas con la respuesta que se emita. Por ejemplo, una nota de pedido se archivará con el albarán, factura y demás documentos asociados a ese pedido. Asimismo, se realizará una copia de cada carta que se envíe para conservarla en el archivo. De esta forma se pueden agrupar en forma de expediente.
- La publicidad puede ser archivada en una carpeta específica denominada **PUBLICIDAD o PROPAGANDA,** pudiendo ser clasificada por asuntos o materias.

A la hora de archivar la correspondencia se pueden utilizar los métodos mencionados anteriormente (alfabético, numérico, etc.).

Para codificar la correspondencia, algunos de los criterios aplicables pueden ser:

- Nombre del remitente (método de ordenación alfabética). Es muy útil para archivar la correspondencia de particulares o personas físicas.
- Localización geográfica (método de ordenación toponímica).
- Asunto o contenido de la carta o mensaje: presupuestos, contratos, promociones, etc. (método de ordenación por asuntos o materias).
- Fechas (método de ordenación cronológico). Este sistema no es muy aconsejable, ya que para localizar una carta se ha de conocer la fecha de recepción o envío de la misma, lo que complica mucho la labor de búsqueda.

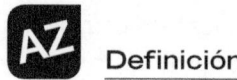 **Definición**

Codificar
Consiste en determinar la forma en que se va a archivar la correspondencia.

Es importante recordar que estas recomendaciones son aplicables también a los mensajes enviados por correo electrónico o por fax.

Estrategias y características de un buen archivo

Algunas pautas a seguir por el responsable del archivo son:

- El criterio de ordenación y clasificación de la documentación en la empresa ha de estar adaptado a las características específicas de la misma. Así, el sistema de clasificación utilizado en un juzgado no será adecuado para una papelería.
- El método de ordenación ha de ser aplicado de forma rigurosa. No se puede clasificar un día un documento utilizando el criterio cronológico, y dentro de una semana según el geográfico. Esta actitud conduce al caos, por no hablar del tiempo que se pierde buscando un documento.
- Las tareas de archivo han de estar debidamente planificadas. Por ello es importante elaborar **manuales, métodos de clasificación o normas de archivo** que permitan a cualquier persona localizar un documento de forma fácil y rápida.
- Todo el personal que tenga acceso al archivo debe conocer las normas de archivo y criterios de ordenación (tratamiento de la documentación, organización, conservación, expurgo, etc.). Estas normas han de ser claras, precisas y objetivas, evitando interpretaciones erróneas.
- Debe existir una persona responsable del archivo, que en la mayoría de los casos será el asistente a la dirección. Es importante adoptar medidas de seguridad que impidan el acceso al archivo a personas ajenas a la empresa o no autorizadas mediante la utilización de claves en los equipos informáticos, limitando la accesibilidad, etc.

- Un instrumento muy útil en las tareas de archivo es la utilización de **índices** que contengan, por ejemplo, el nombre, lugar o número de cada una de las carpetas que integran el archivo.
- Otro aspecto importante a tener en cuenta en la organización del archivo es contar con las instalaciones adecuadas, de forma que permitan la perfecta conservación de los documentos. Las dependencias o estancias donde se ubica el archivo han de contar con unos requisitos mínimos de temperatura, iluminación, humedad, etc.

Ejemplo

Una norma de archivo sería clasificar las empresas sin tener en cuenta el artículo o las siglas de las empresas.

Actividades

11. Determinar qué actuación se debería llevar a cabo en cada una de las siguientes situaciones:

   ı Se acaba de recibir el correo de la mañana en la oficina. Tras realizar una primera clasificación, existen varios documentos que han ser archivados, pero en ese mismo instante el asistente debe acudir a una importante reunión con su jefe, y después ha de asistir a un evento.
   ı El asistente acaba de recibir una factura pendiente de pago de un proveedor correspondiente a un pedido que se hizo hace días. El albarán correspondiente al pedido se encuentra en la bandeja de entrada.
   ı El asistente debe archivar varios tickets de compra junto con una carta comercial.

Continúa en página siguiente >>

<< Viene de página anterior

I El asistente ha estado una semana de baja por enfermedad. A la vuelta, hay multitud de cartas y documentos encima de su mesa. En ese instante, recibe un correo electrónico solicitando la elaboración de un informe que hará falta a mediodía. ¿Qué tratamiento debería aplicar a las cartas recibidas?

I Enumerar y explicar, al menos, tres normas de archivo que el asistente debería aplicar en su trabajo como responsable de un archivo departamental.

4.3. Materiales que se utilizan en el archivo

Existen algunos elementos que permiten localizar y organizar los documentos de forma fácil y rápida.

A continuación, se enumerarán los más utilizados en la actualidad:

■ **Carpetas.** Existen varios tipos de carpetas:

  I **Carpetas simples.** Se trata de una cartulina doblada por la mitad dentro de la cual se introducen los documentos.
  I **Carpetas archivadoras A-Z.** Son una de las más utilizadas en las empresas por su capacidad para archivar grandes cantidades de documentos. Poseen un sistema de sujeción de documentos en su interior, y las tapas son rígidas y gruesas.

Carpetas A-Z

■ **Carpetas de suspensión.** Es frecuente su uso cuando el archivo se ubica en las cajoneras auxiliares. Disponen de dos enganches en la parte superior que permiten colgarlas en unas guías incorporadas al mobiliario.

Carpetas de suspensión

■ **Carpeta de fuelle.** Facilitan la clasificación y archivo de documentos, sobre todo correspondencia, de forma provisional. La carpeta de fuelle también se utiliza para archivar provisionalmente letras de cambio, cheques y pagarés.

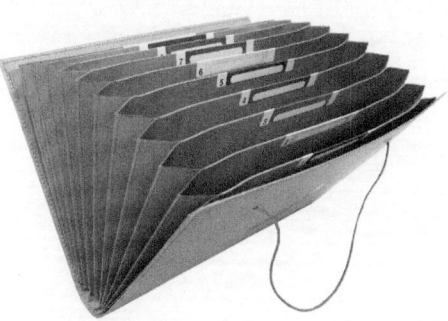

Carpetas de fuelle

■ **Cajas de archivo.** Son unas cajas de cartón o plástico utilizadas para archivar documentos que ya no están vigentes, por lo que estarán integrados en el archivo inactivo.

Cajas de archivo

■ **Bandejas clasificadoras.** Permiten clasificar documentos de forma provisional en la mesa-escritorio a la espera de ser tramitados, eliminados o archivados de forma definitiva.

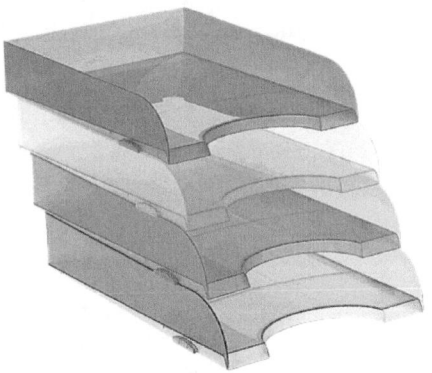

Bandejas clasificadoras

 **Recuerde**

Las carpetas de suspensión suelen ubicarse en las cajoneras auxiliares.

■ **Guías clasificadoras o separadores.** Son hojas de papel o cartulina con una pestaña sobresaliente que sirve para separar y clasificar documentos. Las pestañas pueden contener un sistema de clasificación (numérica, alfabética...) previamente establecido, o bien permite personalizar este sistema de clasificación.

Guías clasificadoras o separadores

■ **Fichas.** Son carpetas de cartulina que agrupan documentos importantes y relacionados, y se emplean para establecer separaciones dentro de una carpeta o expediente.

 Importante

Otros elementos auxiliares utilizados en el archivo son las etiquetas adhesivas (empleadas en las cajas o carpetas para indicar su contenido) y los índices de contenido del archivo.

Las carpetas, guías y fichas pueden ser de varios colores para ayudar a distinguir y localizar de forma rápida los documentos.

Mobiliario

Existe una gran variedad de elementos mobiliarios que se pueden adaptar perfectamente a las necesidades de archivo de la empresa, algunos de los cuales son los que se describen a continuación.

Armarios

Existen multitud de modelos de armarios de archivo. Estos pueden incorporar distintos módulos, cajones, etc. En la parte inferior del armario no es recomendable archivar documentos, ya que esto obliga a agacharse cada vez que se realiza una búsqueda.

Ejemplo de armario

Asimismo, son muy útiles los armarios bajos o módulos auxiliares colocados cerca de la mesa-escritorio, ya que permiten localizar documentos sin levantarse de la silla.

Armario bajo

Archivadores

Suelen estar fabricados con material metálico, y disponen de varios cajones donde se colocan carpetas colgantes.

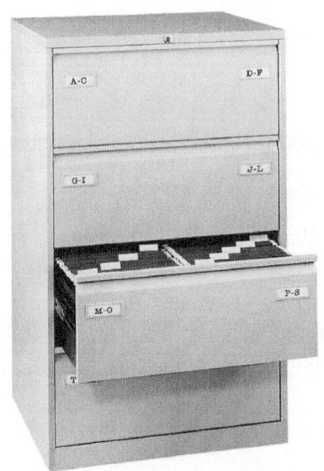

Archivadores

Estanterías

Deben ofrecer estabilidad y un diseño ergonómico, así como estar fabricadas de un material sólido y resistente.

Estanterías

Actividades

13. Determinar qué elemento de archivo de los mencionados anteriormente se debería utilizar en los siguientes casos:

   ∎ Archivo de documentos empleados en un departamento que no se utilizan frecuentemente, pero que no se van a trasladar al archivo inactivo.
   ∎ Archivo provisional de correspondencia.
   ∎ Archivo de documentos laborales (contratos de trabajo, certificados de retención, nóminas, etc.) de un grupo de profesores contratados temporalmente en un centro privado.
   ∎ Dentro de un expediente se quiere diferenciar un grupo de documentos considerados más importantes.
   ∎ Archivo de documentos que pasarán a integrarse en el archivo inactivo.

5. El archivo corporativo. Establecimiento de criterios y procedimientos de uso

Se trata de un archivo que contiene toda la documentación de la empresa. En algunas ocasiones viene a cumplir las funciones de archivo inactivo o histórico de la empresa.

5.1. Inclusiones, extracciones y expurgo

La **inclusión** de un documento o carpeta en el archivo implica abrir una nueva carpeta o incluir un documento por primera vez en el archivo. Antes de abrir una nueva carpeta es importante comprobar que esa carpeta no existía anteriormente. La persona que realiza la inclusión debe conocer el método de ordenación elegido para clasificar la documentación, de esta forma, se añadirá a la carpeta la etiqueta identificativa que le corresponda (letra, número, asunto...).

Cada vez que se dé de alta una carpeta o documento es necesario dejar constancia de la fecha de inclusión, así como el documento que se incluye, realizando la correspondiente anotación en el índice del archivo.

Cuando se **extrae** un documento o carpeta del archivo es preciso dejar una señal o testigo que informe de su extracción. Las señales que informan de la salida de un documento del archivo se denominan **"guías-falta",** y consisten en una cartulina con una pestaña sobresaliente que contenga la palabra "FUERA". De este modo, al abrir el archivo, se advierte de forma inmediata la ausencia de dichos documentos.

 Consejo

En el sistema de ordenación numérica no sería necesario añadir una guía-falta, ya que es fácil percatarse de la ausencia del documento, pero sí se debe registrar la salida del mismo.

El asistente a la dirección encargado del archivo debe efectuar un registro de entrada y salida de documentos del archivo. Por ello, cuando una persona solicite un documento, en el registro de salida se deben realizar las siguientes anotaciones:

- Denominación de la carpeta y n.º de caja de archivo (en su caso).
- Referencia, número o denominación de documento.
- Nombre y apellidos de la persona que lo extrae.
- Fecha de salida.
- Fecha de devolución.

La ficha de registro normalmente hace las veces de guía-falta. Es decir, se puede añadir una pestaña sobresaliente a la ficha de salida de registro que se coloca en el lugar del documento que sale del archivo. Un ejemplo de este tipo de ficha-registro sería el siguiente:

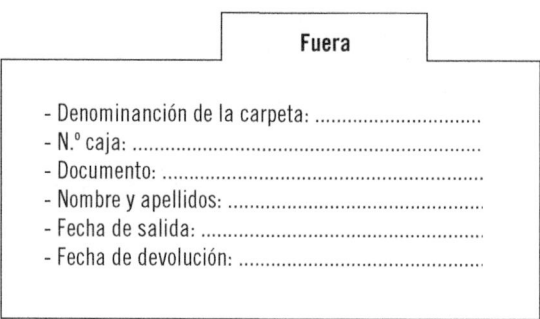

El **expurgo** consiste en destruir o eliminar del archivo aquellos documentos que no van a ser utilizados en el futuro.

Mantener almacenada la documentación en el archivo conlleva unos costes de mantenimiento, por no hablar del caos que supone almacenar documentos en la empresa de forma indefinida. Para ello, el/la responsable del archivo debe incluir entre las normas de archivo aquellas relativas al expurgo, estableciendo unos plazos de obligado cumplimiento.

A veces es la propia ley la que determina el tiempo que han de permanecer los documentos en la empresa. Por ejemplo, el **artículo 30 del Código de Comercio** establece lo siguiente:

> *Los empresarios conservarán los libros, correspondencia, documentación y justificantes concernientes a su negocio, debidamente ordenados, durante seis años, a partir del último asiento realizado en los libros, salvo lo que se establezca por disposiciones generales o especiales.*

Así, existen normas especiales que establecen plazos específicos de conservación de documentos, transcurridos los cuales, la empresa puede proceder a la eliminación o destrucción de los mismos.

El expurgo de documentos se puede llevar a cabo mediante la destrucción de la documentación, utilizando máquinas especiales que existen en el mercado, o bien vendiendo dicha documentación a empresas dedicadas al reciclado de papel.

Conviene recordar que, cuando los documentos contengan información de carácter personal o confidencial, han de ser destruidos de forma obligatoria.

6. Gestión documental informática: oficina sin papeles

El desarrollo de la informática y la llegada de las nuevas tecnologías de la información y comunicación han propiciado que se reduzca considerablemente el uso de papel en las empresas, lo que se ha dado en llamar "oficina sin papeles".

Actualmente se puede elaborar una base de datos en la oficina sin más elementos que un ordenador personal. El archivo de información se puede llevar a cabo mediante el uso de carpetas y documentos del procesador de texto *Word*, la hoja de cálculo *Excel* y, principalmente, la base de datos *Access,* todas ellas de *Microsoft Office*. Otros programas utilizados frecuentemente en la actualidad serían el procesador de texto *Writer*, la hoja de cálculo denominada *Calc* y el programa de base de datos *Base,* todos ellos de *LibreOffice*.

La utilización de las aplicaciones informáticas en las tareas de archivo presenta muchas ventajas, como son:

- Ahorro considerable de espacio, con los gastos que ello conlleva.
- La búsqueda y localización de documentos es mucho más rápida y eficaz que mediante la utilización de los sistemas tradicionales.
- La realización de consultas, modificación y selección de información es fácil, rápida y la posibilidad de error es mínima.
- Es más saludable desde el punto de vista medioambiental.
- El almacenamiento y conservación de la información es más seguro que con el sistema tradicional, ya que no existe riesgo de deterioro de los mismos. También es posible recuperar documentos o hacer copias de los mismos, por lo que la pérdida de información no es irreparable.

 Nota

Access es la base de datos de Microsoft Office. Permite realizar consultas de forma rápida y eficaz, elaborar formularios e informes, exportar o importar tablas desde *Excel,* etc.

El único inconveniente que presenta es que, a la hora de realizar alguna consulta o buscar algún documento, se deben introducir los datos de forma correcta, de lo contrario la búsqueda será errónea.

Las relaciones entre organizaciones son cada vez más complejas, lo que hace necesario el desarrollo de nuevos cauces de comunicación e intercambio de la información. Las nuevas tecnologías ponen al servicio de las empresas la posibilidad de compartir e intercambiar datos, informes y archivos a través de la nube. De esta forma, el trabajo en equipo se vuelve más rápido y eficaz. Actualmente existen gran cantidad de sistemas que permiten el intercambio de archivos y carpetas. Algunos de ellos son: *Dropbox, OfficeDrop, SugarSync* y *Mozy.*

Actividades

Responder a las siguientes preguntas:

▪ ¿Qué se debe hacer cuando se realice la inclusión de una nueva carpeta en el archivo?
▪ ¿Qué es una guía-falta?
▪ ¿En qué consiste el expurgo?

7. Requisitos medioambientales para la eliminación de residuos

La normativa básica a nivel nacional en materia de eliminación de residuos es la **Ley 7/2022, de 8 de abril, de residuos y suelos contaminados para una economía circular.**

Esta ley ofrece las siguientes definiciones en relación a la eliminación de residuos:

▪ **Residuos comerciales:** residuos generados por la actividad propia del comercio, al por mayor y al por menor, de los servicios de restauración y bares, de las oficinas y de los mercados, así como del resto del sector servicios.
▪ **Tratamiento:** las operaciones de valorización o eliminación.
▪ **Reciclado:** toda operación de valorización mediante la cual los materiales de residuos son transformados de nuevo en productos, materiales o sustancias, tanto si es con la finalidad original como con cualquier otra finalidad. Incluye la transformación del material orgánico, pero no la valorización energética ni la transformación en materiales que se vayan a usar como combustibles o para operaciones de relleno.
▪ **Valorización:** cualquier operación cuyo resultado principal sea que el residuo sirva a una finalidad útil al sustituir a otros materiales, que de otro modo se habrían utilizado para cumplir una función particular, o que el residuo sea preparado para cumplir esa función en la instalación o en la economía en general.

- **Eliminación:** cualquier operación que no sea la valorización, incluso cuando la operación tenga como consecuencia secundaria el aprovechamiento de sustancias o materiales, siempre que estos no superen el 50 % en peso del residuo tratado, o el aprovechamiento de energía.

Las Administraciones competentes aplicarán el siguiente orden de prioridad en el tratamiento de residuos en base a conseguir el mejor resultado ambiental global:

1. Prevención.
2. Preparación para la reutilización.
3. Reciclado.
4. Otro tipo de valoración, incluida la organización energética.
5. Eliminación.

 Sabía que...

En el año 2022, España alcanzó una tasa de reciclado del 72,50 % en envases de vidrio.

El productor de residuos está obligado a asegurar el tratamiento adecuado de los mismos. Para ello podrá realizar el tratamiento de residuos de las siguientes formas:

- Por sí mismo.
- Encargando dicha tarea a una entidad o empresa debidamente registrada.
- Efectuando la entrega de los mismos a una entidad pública (entidades locales) o privada de recogida de residuos para su tratamiento.

Asimismo, está obligado a suministrar a las empresas autorizadas y entidades locales la información necesaria para el adecuado tratamiento y eliminación de residuos.

Las empresas o entidades que realicen actividades de tratamiento de residuos deberán obtener previamente una autorización del órgano ambiental competente de la comunidad autónoma donde estén ubicadas. La gestión de residuos debe ser acreditada documentalmente, y efectuada conforme a lo previsto en dicha autorización.

La Ley 7/2022, de 8 de abril, de residuos y suelos contaminados para una economía circular, establece respecto a la **eliminación de residuos:**

- Las autoridades ambientales se asegurarán de que, cuando no se lleve a cabo la valorización, los residuos se sometan a operaciones de eliminación seguras, adoptando las medidas que garanticen la protección de la salud humana y el medio ambiente.
- Los residuos deberán ser sometidos a tratamiento previo a su depósito en vertedero, según la normativa que regule este tratamiento.
- Con carácter general, los gestores o productores de residuos están obligados a almacenar los residuos no peligrosos por un periodo inferior a un año cuando se destinen a eliminación.
- Se considerarán infracciones muy graves el abandono, vertido o eliminación de residuos peligrosos o de cualquier otro tipo de residuos, siempre que se haya puesto en peligro grave la salud de las personas o se haya producido un daño o deterioro grave para el medio ambiente.
- Las autoridades competentes adoptarán las medidas necesarias para asegurar que la gestión de los residuos se realice sin poner en peligro la salud humana y sin dañar al medio ambiente y, en particular:

    - No generarán riesgos para el agua, el aire o el suelo, ni para la fauna y la flora.
    - No causarán incomodidades por el ruido o los olores.
    - No atentarán adversamente a paisajes ni a lugares de especial interés legalmente protegidos.

- Las medidas que se adopten en materia de residuos deberán ser coherentes con las estrategias de lucha contra el cambio climático y las políticas de salud pública.

Las empresas deben reducir los residuos generados en la actividad empresarial y apostar por el reciclaje y la reutilización. Es aconsejable gestionar su tratamiento con empresas autorizadas.

Papelera de reciclaje

 Actividades

15. Responder a las siguientes preguntas:

   I ¿En qué se diferencia la valorización del tratamiento de residuos? ¿Y la eliminación del reciclado?
   I ¿Cómo puede el productor de residuos efectuar el tratamiento de los mismos?
   I ¿Qué opción contempla la ley en aquellos casos en los que no es posible efectuar la valoración de los residuos?

8. Resumen

El archivo sirve para almacenar, clasificar y conservar los documentos existentes en una empresa, posibilitando su rápida localización.

Teniendo en cuenta la frecuencia de uso, se distinguen tres tipos de archivos: archivo activo, archivo semiactivo y archivo pasivo. Si se tiene en cuenta el lugar donde se guardan los documentos, se puede distinguir entre: archivo centralizado, archivo descentralizado y archivo mixto.

Un documento vital es aquel que tiene una importancia trascendental para la empresa y un documento importante, aun teniendo un valor considerable, no es "vital" en el funcionamiento de la empresa.

Los documentos útiles son aquellos que se utilizan habitualmente por el personal de la organización, y los documentos necesarios son imprescindibles para el funcionamiento de la organización.

Un documento transitorio ha perdido su vigencia, pero un documento desechable, además, debe ser eliminado.

Los principales documentos utilizados en una empresa son: informe, expediente, dossier, cartas, circular, memorando, acta y certificado.

Un documento privado no está disponible al público en general, como sí ocurre con un documento público.

Los métodos de ordenación más usados en las organizaciones son el método de ordenación alfabética, numérica, cronológica, toponímica y alfanumérica.

Cuando se extrae un documento o carpeta del archivo es preciso dejar una señal o testigo.

El expurgo consiste en destruir o eliminar del archivo aquellos documentos que no van a ser utilizados en el futuro.

La normativa básica a nivel nacional en materia de eliminación de residuos es la Ley 7/2022, de 8 de abril, de residuos y suelos contaminados para una economía circular.

Ejercicios de repaso y autoevaluación

1. **Determine las funciones y finalidades del archivo en la empresa.**

_____
_____
_____
_____

2. **De las siguientes frases, indique cuál es verdadera o falsa.**

a. El archivo activo contiene la documentación que se consulta con más frecuencia.

☐ Verdadero
☐ Falso

b. En el archivo semiactivo se deposita la documentación parocedente del archivo inactivo.

☐ Verdadero
☐ Falso

c. El archivo descentralizado implica la existencia de tantos archivos como secciones o divisiones tenga la empresa.

☐ Verdadero
☐ Falso

d. Los documentos que contienen aquella documentación no vigente, pero con un valor jurídico para la empresa, y que son consultados esporádicamente, se colocan en el archivo inactivo o pasivo.

☐ Verdadero
☐ Falso

3. **Complete la siguiente oración:**

Son archivos los conjuntos orgánicos de _____, o la reunión de varios de ellos, reunidos por las _____ _____, _____ _ _____, en el ejercicio de sus actividades, al servicio de su utilización para la investigación, la cultura, la _____ _ __ _____ _____. Asimismo, se entienden por archivos las instituciones culturales donde se _____, _____, _____ _ _____ para los fines anteriormente mencionados dichos conjuntos orgánicos.

4. **Determine si los siguientes documentos tienen carácter reservado, restringido, privado o público.**

   a. Contratos de trabajo archivados en el departamento de recursos humanos.

   _____

   b. Documentos pertenecientes al Centro Nacional de Inteligencia.

   _____

   c. Resultados de un test de personalidad y psicotécnico realizado a un trabajador por parte de su empresa.

   _____

   d. Dirección y número de teléfono de una persona privada en un listín telefónico.

   _____

   (Nota: a un mismo documento se le pueden atribuir varias categorías).

5. **Un documento que describe una serie de hechos o datos de forma objetiva, sin llevar a cabo valoración alguna sería un informe...**

   a. ... valorativo.
   b. ... descriptivo.
   c. ... medioambiental.
   d. ... externo.

6. La instancia es...

   a. ... un recurso que los ciudadanos pueden interponer para impugnar los actos administrativos dictados por la Administración.
   b. ... un comunicado que sirve para instar a los trabajadores a ser puntuales.
   c. ... una carta o comunicado que transmite la misma información a muchas personas.
   d. ... un documento escrito que se utiliza para realizar una petición a la Administración pública.

7. Explique qué significan los siguientes conceptos o anotaciones y en qué casos se utilizan:

   ■ Pendiente de archivo.
   _____
   _____

   ■ Guías-falta.
   _____
   _____

   ■ Referencias cruzadas.
   _____
   _____

   ■ Índice.
   _____
   _____

   ■ Normas de archivo.
   _____
   _____

   ■ Expurgo.
   _____
   _____

   ■ Inclusión.
   _____
   _____

8. Determine y explique cómo actuaría en las siguientes situaciones.

   ▌ Ha recibido un correo electrónico de su jefe solicitando un informe comercial. Una vez elaborado y entregado, se le da el visto bueno, y se procede a archivarlo.

   _____

   _____

   ▌ En el correo de la mañana hay un catálogo de publicidad y promociones exactamente igual al que fue enviado hace tres meses.

   _____

   _____

   ▌ Ha efectuado la inclusión de una nueva carpeta en el archivo.

   _____

   _____

   ▌ Acaba de recibir el correo de la mañana. Después de clasificar las cartas recibidas observa que algunas no contienen los datos del remitente.

   _____

   _____

   ▌ Determine la actuación a seguir tras la clasificación de las cartas.

   _____

   _____

   ▌ Ha de archivar una documentación en tamaño DIN-A4 con algunas facturas de restaurante y tiques de gasolina.

   _____

   _____

9. Determine el material o elemento de archivo que emplearía para archivar:

   a. Documentos que forman parte del archivo activo.
   b. Documentos que forman parte del archivo semiactivo.
   c. Documentos que forman parte del archivo inactivo.
   d. Correspondencia archivada de forma provisional.
   e. Documentos integrados en un expediente, pero que deben ser agrupados por la relación que guardan.
   f. Documentos clasificados de forma provisional en el escritorio o cerca de él.

MATERIAL O ELEMENTO:

__ Bandejas clasificadoras.
__ Carpetas simples o de suspensión en armarios bajos o módulos auxiliares.
__ Carpetas de fuelle.
__ Fichas.
__ Carpetas, cajas de archivo y estanterías.
__ Carpetas A-Z ubicadas en armarios o archivadores.

10. Complete las siguientes frases:

a. El criterio de ordenación y clasificación de la documentación en la empresa ha de estar adaptado a las _____ específicas de la misma.
b. El método de ordenación ha de ser aplicado de forma _____. No se puede clasificar un día un documento utilizando el criterio cronológico, y dentro de una semana según el numérico.
c. Un instrumento muy útil en las tareas de archivo es la utilización de _____, que contengan, por ejemplo, el nombre, lugar o número de cada una de las carpetas que integran el archivo.

11. Ordene los siguientes nombres utilizando el método de ordenación alfabética:

▮ Fernando Herrera Costa
▮ Otto Von Guericke
▮ Gonzalo Pérez-López Hurtado
▮ Alicia Sanz López
▮ Antonio De La Fuente González
▮ Marina Torres Cortés
▮ Eva Sanz López

_____
_____
_____
_____
_____
_____
_____

12. Ordene los siguientes nombres de empresa utilizando el método de ordenación alfabética (no se tendrá en cuenta el artículo para archivar):

I El Bizcocho de la Abuela
I Construcciones Segura (Albacete)
I Textiles Unidos, S. L.
I Construcciones Segura (Jaén)
I Sociedad Limitada Cerrojos del Cantábrico
I Libreria Cortázar
I Compañía El Litoral, S. A.
I Inspección de Trabajo del Ministerio de Empleo y Seguridad Social
I Viuda de Gutiérrez Carrión
I Sec (Sociedad Española de Comunicación)
I Supermercados Barato

13. Clasifique las siguientes materias utilizando el método de ordenación por índice temático:

ASUNTO: SECCIONES	CÓDIGO ARTÍCULO
DECORACIÓN	67-C
ELECTRICIDAD	1-M
DECORACIÓN	22-P
CERÁMICA	12-MG
FERRETERÍA	840-Z
FERRETERÍA	8-BAC
ELECTRICIDAD	55-K

14. Clasifique los siguientes documentos utilizando el método de ordenación cronológica:

- 3 de agosto de 2022.
- 20 de diciembre de 2020.
- 25 de junio de 2012.
- 5 de enero de 2012.
- 22 de mayo de 2022.

15. Ordene los siguientes códigos alfanuméricos:

- A-6
- B-112
- Z-1
- BS-112
- V-598
- J-33
- A-98
- AP-33
- Y-97
- WZ-4

Capítulo 3
La agenda

Contenido

1. Introducción

El asistente a la dirección debe ser eficiente en el desarrollo de su actividad profesional. Para conseguir tal objetivo es preciso organizar y gestionar adecuadamente el tiempo de trabajo mediante una adecuada planificación de las tareas a realizar. En este sentido, uno de los recursos más importantes que puede utilizar el profesional de secretariado es la **agenda de trabajo.**

La agenda de trabajo cumple dos funciones principales:

- **Planificar y programar** la realización de las tareas a realizar. La planificación permite anticiparse a la aparición de problemas y evita improvisaciones. De esta forma, el tiempo destinado a la resolución de asuntos urgentes se minimiza considerablemente.
- **Recordar** en qué momento deben realizarse dichas tareas.

El asistente a la dirección debe gestionar adecuadamente la agenda de trabajo. No existen reglas determinadas al respecto, cada profesional adoptará aquellas que mejor se adapten a sus propias necesidades y funciones, pero existen algunas características y habilidades necesarias: lógica, sentido del orden y capacidad de organización.

En la agenda de trabajo quedará registrada toda la información necesaria relativa a la actividad profesional: citas, eventos, reuniones, viajes, notas, mensajes o llamadas telefónicas, contactos, etc. En algunas ocasiones también es conveniente anotar información que puede ser importante en el futuro: direcciones de hoteles y restaurantes, fechas de cumpleaños y aniversarios, agencias de viaje, etc.

El objetivo del presente capítulo es ofrecer las herramientas necesarias para obtener el máximo rendimiento a un recurso tan importante en el sector de la administración, como es la agenda de trabajo.

2. Tipos de agenda

Existen básicamente tres tipos de agendas de trabajo: la agenda manual o tradicional, la agenda electrónica y la agenda de ordenador. Cada profesional utilizará aquella que mejor se adapte a sus exigencias profesionales y características personales.

2.1. Manual

La agenda manual de trabajo es la agenda de papel tradicional o estándar. Normalmente contiene una hoja para cada día del año, con espacio para anotar aquellos asuntos que deban ser recordados.

La agenda manual está diseñada para un año natural, por lo que deberá ser sustituida transcurrido el mismo (algunas agendas están adaptadas al año escolar, etc.). Pese a que la agenda electrónica está ganando terreno día a día, este tipo de agendas todavía son bastante utilizadas.

La principal ventaja de la agenda manual es la facilidad y rapidez de acceso a la misma. El principal inconveniente que presenta es que no dispone de recordatorios de eventos o alarmas, ni sistemas que impidan el acceso a terceros a aquella información confidencial que pueda contener.

Agenda manual de papel

2.2. Electrónica

La agenda electrónica almacena una gran cantidad de información en un espacio muy reducido. También son denominadas PDA *(Personal Digital Assistant)*.

Importante

Si el asistente a la dirección quiere llevar a cabo una correcta gestión de la agenda de trabajo, debe priorizar adecuadamente las distintas tareas a desarrollar.

Estas agendas poseen en la actualidad las mismas funciones que un ordenador personal (acceso a internet, consulta y envío de correos electrónicos, descarga de archivos e imágenes, creación de documentos, reproducción de archivos de audio o vídeo, etc.).

Las principales ventajas de la agenda electrónica son las siguientes:

- Es posible registrar una amplia lista de contactos, pudiendo acceder a los mismos de forma rápida.
- Es más ligera y manejable que la agenda tradicional.
- Facilita enormemente la organización y planificación temporal del trabajo mediante la utilización de la agenda y el calendario.
- Incorpora un sistema de alarma que ayuda a recordar fechas significativas, eventos o tareas pendientes de realización.
- Posee un sistema de reconocimiento de escritura y pantalla táctil.
- Permite modificar fácilmente cualquier actividad programada, a diferencia de la agenda tradicional, en la que es preciso tachar y volver a escribir cualquier modificación.
- Las agendas electrónicas poseen claves de acceso que permiten restringir el acceso a las mismas a determinadas personas, por lo que la confidencialidad de la información está garantizada.

Importante

En la agenda electrónica es posible activar un recordatorio de actividades en la hora deseada, pudiendo indicar la repetición del mismo de forma periódica en los días señalados.

El principal inconveniente sería que cualquier avería en la agenda puede dar lugar a la pérdida de toda la información almacenada si no existen copias de seguridad.

2.3. Ordenador

La agenda más utilizada en la actualidad es la que incorpora *Microsoft Outlook* y la agenda calendario de *Google.* Ambas ofrecen la posibilidad de gestionar y organizar correos electrónicos, administrar la lista de contactos y utilizar el calendario.

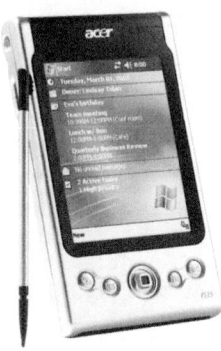

Este tipo de agendas facilita enormemente la organización del trabajo al personal de secretariado, ya que es posible llevar a cabo la planificación de las tareas a corto, medio o largo plazo, añadiendo eventos o tareas y recordatorios de las mismas en el calendario. Así, proporciona una visión de conjunto de todas las actividades planificadas en un día, semana o mes, así como la secuenciación temporal de las tareas programadas. De este modo se visualizan e identifican fácilmente las tareas pendientes de realización.

Agenda electrónica

La información se transmite y comparte de forma inmediata entre distintos usuarios, lo que posibilita administrar de forma óptima el tiempo de trabajo.

Presenta las mismas ventajas que la agenda electrónica, con el inconveniente de tener que disponer de un ordenador para poder trabajar con ella. Asimismo, es aconsejable realizar copias de seguridad para evitar la pérdida de información.

Agenda calendario de Google

 ## Actividades

1. Enumerar las ventajas e inconvenientes de cada tipo de agenda de trabajo.
2. Determinar qué tipo de agenda utilizaría un asistente a la dirección en los siguientes supuestos:

   ı Un secretario de edad avanzada, a punto de jubilarse.
   ı Una persona joven que necesita almacenar una lista numerosa de contactos y pasa poco tiempo en el despacho.
   ı Una secretaria de dirección cuyas citas, tareas y eventos cambian constantemente.
   ı Una persona que apenas sale del despacho y necesita coordinar agendas de trabajo con otros compañeros de forma constante.

Aplicación práctica

Determine qué tipo de agenda utilizarían los siguientes profesionales:

a. Un auxiliar administrativo, licenciado en química, que desempeña su trabajo de forma temporal, a la espera de conseguir algo relacionado con sus estudios. Las tareas a realizar en la empresa son rutinarias y repetitivas.
b. Una secretaria de dirección que trabaja en una multinacional con un ritmo de trabajo intenso y variado. Debe acudir a multitud de viajes, reuniones y eventos con el superior y es enormemente proactiva.
c. Un secretario joven, que debe organizar una gran cantidad de eventos, tareas, reuniones, viajes, etc., y cuyo jefe casi nunca está en la empresa.

SOLUCIÓN

a. Agenda manual o tradicional.
b. Agenda electrónica.
c. Ordenador.

3. Secciones de la agenda

Actualmente existen en el mercado una gran variedad de agendas de trabajo, pero todas ellas tienen en común que la información que contienen ha de ser útil y precisa.

En todo caso, las agendas suelen contener las siguientes secciones: **sección de planificación, de gestión y de información.** De esta forma, el asistente a la dirección puede acceder de forma rápida y eficaz a cualquier información que necesite consultar en un momento determinado.

3.1. Planificación: dietario, semanal, mensual, anual, tareas, actividades

La correcta planificación de aquello que se pretende realizar en el futuro contribuye a optimizar el tiempo de trabajo, algo imprescindible si se quiere ser eficiente en el desarrollo de la actividad laboral.

La agenda de trabajo permite planificar las tareas, actividades y eventos que se han de realizar durante un periodo de tiempo determinado, así como establecer la secuenciación y programación más adecuada. La planificación puede ser **diaria, semanal, mensual o anual.**

En primer lugar, se determinarán los **planes a largo y medio plazo (anual, trimestral o mensual).** Por ejemplo, la empresa convocará una reunión importante a la que no pueden faltar determinados directivos. En este caso, la convocatoria se planificará con suficiente antelación, ya que es preciso ponerse en contacto previamente con las personas convocadas (o sus asistentes a la dirección), informarles del objeto de la reunión, acordar fechas u horas que convengan a todos, elaborar un dossier informativo para cada asistente, etc.

Asimismo, existen *planning* o planificadores con una hoja para cada mes (divididas en filas o cuadros para cada día del mes), o varias hojas que incluyen todas las semanas del año para recordar eventos, tareas o acontecimientos básicos. Son de mucha utilidad en la planificación a medio o largo plazo.

 Consejo

Algunas reuniones importantes, viajes o negociaciones deben ser programados con suficiente antelación, esto es, a medio o largo plazo.

No conviene planificar objetivos a largo plazo por un tiempo superior al año.

Enero 2023						
Lunes	Martes	Miércoles	Jueves	Viernes	Sábado	Domingo
						1
2	3	4	5	6	7	8
9	10	11	12	13	14	15
16	17	18	19	20	21	22
23	24	25	26	27	28	29
30	31					

Planificador mensual

Posteriormente se irán planificando **actividades y tareas a corto plazo (semanal o diario),** que permitirán alcanzar los objetivos cuyo horizonte temporal sea más lejano. Las agendas que contienen aquellos asuntos que han de ser realizados día a día se denominan **dietarios.** Cada página de la agenda de trabajo está destinada a un día del año, dividida en las distintas horas de la jornada de trabajo (normalmente desde las 8:00 a las 20:00 h). En ella es posible anotar y describir las distintas actividades o tareas planificadas en el día en que serán ejecutadas, así como la distribución temporal que se haya asignado a cada evento. Algunas tareas a anotar en el dietario son: actividades de archivo, enviar avisos de reunión a las personas convocadas, elaborar informes, etc.

El asistente a la dirección ha de realizar generalmente numerosas tareas o actividades a lo largo de la jornada laboral, por lo que el dietario es un tipo de agenda bastante útil en esta profesión. Si las actividades a realizar son rutinarias y repetitivas es más aconsejable utilizar un planificador mensual.

El periodo ideal de planificación en la agenda del asistente a la dirección oscila entre el mes y la semana, no siendo aconsejable planificar por periodos superiores a los tres meses. No obstante, el personal de secretariado debe fijar los plazos más adecuados en función de sus propias capacidades y aptitudes.

La planificación diaria de la jornada de trabajo debe realizarse el día anterior, y ser revisada durante los primeros quince minutos de la jornada laboral.

El calendario de las **agendas electrónicas** *(Microsoft Outlook* y la agenda calendario de *Google)* hace posible la planificación de citas o eventos de la misma forma que en una agenda de papel. Basta con hacer *clic* en un día del calendario, señalar una hora o intervalo temporal, y anotar la tarea a realizar. También es posible asignar a las mismas distintos colores para facilitar la visualización de las actividades planificadas.

Asimismo, las agendas electrónicas permiten crear distintos calendarios (viajes, citas, reuniones, etc.) que pueden ser compartidos por otros usuarios, así como visualizar al mismo tiempo varios calendarios personales o compartidos con otros usuarios. También es posible restringir su acceso a las personas deseadas o administrar el calendario de otras personas, lo que facilita enormemente la delegación de funciones.

 Ejemplo

Un asistente a la dirección ha planificado un objetivo anual: mejorar el sistema de archivo y hacerlo más rápido y eficaz. Para conseguir este objetivo planifica actividades a corto plazo: actualizar conocimientos asistiendo a cursos de archivo y comunicación, idear nuevos criterios de clasificación, sustituyendo poco a poco a los anteriores que se han quedado obsoletos, etc.

3.2. Gestión (notas, mensajes, reuniones, gastos, viajes)

En esta sección se anotarán aquellos asuntos o tareas necesarias para gestionar la actividad laboral y distribuir adecuadamente el tiempo de trabajo.

Notas

Se trata de información cuyo origen puede ser muy variado (del jefe, empresas de servicios, clientes, agencias de viaje, etc.), y debe anotarse en la agenda de forma rápida. Las agendas manuales suelen incluir esta sección al final de la misma.

A la hora de transcribir notas o eventos en la agenda es preciso sintetizar aquello que se quiere trasladar, de modo que se entienda perfectamente sin excederse en descripciones innecesarias. Asimismo, es importante anotar exclusivamente aquellos datos que sean útiles y necesarios en el desarrollo de la actividad laboral, ya que sería una pérdida de tiempo tener la agenda repleta de información irrelevante.

 Importante

El registro de una nota en la agenda debe realizarse de forma breve, clara y resumida.

Mensajes

Los mensajes que recibe el asistente a la dirección pueden ser escritos o enviados por correo electrónico, teléfono, fax, burofax o telegrama, entre otros.

Es conveniente disponer de impresos elaborados para anotar los mensajes recibidos. Un modelo de los mismos sería el siguiente:

- Fecha.
- Hora.
- De.
- Teléfono o dirección de contacto.
- Asunto mensaje.
- Para.

Las opciones de correo electrónico en las agendas electrónicas son múltiples y variadas. Así, es posible enviar correos a varios destinatarios, filtrar correos no deseados, utilizar opciones de búsqueda de mensajes, organizarlos en carpetas, personalizar los correos electrónicos mediante la firma personal, administrar contactos, etc.

Gastos

Para anotar los **gastos** e ingresos diarios de una empresa son muy útiles los dietarios divididos en columnas, adaptados a tal fin. Estas agendas son utilizadas para gestionar la contabilidad de la empresa.

Reuniones

Las agendas de trabajo suelen incluir un apartado específico destinado a anotar las reuniones convocadas. En él se registra fundamentalmente:

- Nombre de las personas convocadas.
- Lugar y fecha de la reunión.
- Horas de comienzo y finalización de la misma.
- Objetivos.
- Recursos necesarios para su realización.

Cuando se envía un aviso o convocatoria de reunión a sus destinatarios, es aconsejable registrar dicho envío, de forma que sea posible justificar esta acción.

La agenda de *Outlook* y la agenda calendario de *Google* posibilitan la planificación y organización de **reuniones** de forma cómoda y sencilla. Basta con seleccionar en el calendario de la agenda el día y la hora elegidos, y enviar las invitaciones a las personas convocadas mediante el uso del correo electrónico. Las personas que reciben la invitación pueden aceptarla de forma inmediata, siempre que no existan eventos en conflicto, o rechazarla, si ya existen otras tareas programadas en el mismo lapso de tiempo. Si esto ocurre, el organizador de la reunión puede solicitar de las personas convocadas la propuesta de otras fechas alternativas, pudiendo efectuar el seguimiento de este evento hasta la finalización del mismo.

Cuando en una organización existen recursos compartidos por un grupo de personas, por ejemplo, una sala de reuniones, es posible crear un calendario específico para este recurso, que será compartido con aquellas personas que desean solicitar o reservar el uso de la misma. De esta forma, el calendario aceptará o rechazará la solicitud de uso de este recurso en función de su disponibilidad.

Así, el asistente a la dirección también está administrando eficazmente el uso de otro recurso fundamental: el tiempo de trabajo.

Viajes

Las agendas de trabajo contienen un apartado destinado a la organización de viajes. En este apartado se puede anotar:

- La fecha y hora del viaje.
- Medio de locomoción empleado.
- Agencia de viajes en la que se ha realizado la reserva.
- Nombre y dirección del hotel en el que se hospedará el destinatario de la misma.
- Cualquier nota básica o esencial relativa al viaje proyectado.

Las agendas de trabajo también pueden contener información relativa a otros asuntos de interés, como:

- Horario de transportes (aviones, trenes, etc.).
- Nombre y dirección de los principales aeropuertos y estaciones.
- Nombre y direcciones de hoteles.
- Dirección de embajadas españolas en el extranjero.
- Dirección de agencias de viajes.
- Distancia entre países y/o ciudades en territorio nacional.
- Mapa de carreteras.
- Diferencia horaria entre países.
- Conversión de monedas.

Nota

El *planning* o planificador de la agenda puede contener una hoja para cada día del año, una hoja para cada mes, o varias con todas las semanas del año.

Actividades

3. Determinar si las tareas enumeradas han de ser planificadas a corto, medio o largo plazo:

   ▪ Elaboración de un dossier personal a 30 trabajadores.
   ▪ Tareas de archivo rutinarias.
   ▪ Reunión importante de jefes de zona de distintas provincias.
   ▪ Elaborar el acta de la reunión del día anterior.
   ▪ Enviar certificados de retención a los 200 trabajadores de la empresa.
   ▪ Organizar un viaje al extranjero a importantes ejecutivos de la empresa, con una estancia de 15 días.

4. Redactar de forma concisa cómo el asistente debería anotar en la agenda:

   ▪ Una nota.
   ▪ Una reunión ya convocada.
   ▪ Un viaje que se ha organizado.
   ▪ Gastos de la empresa.
   ▪ Varios mensajes.

Aplicación práctica

Determine qué tipo de planificación llevaría a cabo para las siguientes tareas:

a. El departamento financiero ha delegado en usted la elaboración de un dossier informativo de los productos de la empresa, que serán entregados en la próxima reunión a 5 posibles clientes.

b. Ha de organizar una importante reunión en la que los responsables del departamento de compras y *marketing* negociarán las nuevas estrategias comerciales a aplicar en tiempo de crisis, debido a la bajada de las ventas.

c. Cambio de horarios a todos los operarios de las sucursales de Madrid.

d. Distribución de correspondencia entre los distintos departamentos de la empresa.

SOLUCIÓN

a. Planificación a medio-largo plazo.
b. Planificación a largo plazo.
c. Planificación a medio plazo.
d. Planificación a corto plazo.

3.3. Información: teléfonos y direcciones, clientes, restaurantes, onomásticas

El profesional de secretariado ha de cuidar enormemente los detalles relativos a las relaciones sociales. Debe organizar reuniones de trabajo, viajes nacionales e internacionales, comidas con clientes importantes, etc. La agenda será un instrumento muy útil en el desarrollo de estas tareas, ya que podrá registrar los restaurantes preferidos del directivo, teléfonos y direcciones de personas con las que se mantienen relaciones habituales, datos relativos a los clientes de la empresa, etc.

Teléfonos y direcciones

Las **direcciones de correo** registradas en la agenda suelen ir acompañadas de los **números de teléfono, números de fax y direcciones de correo electrónico** correspondientes a las mismas.

A la hora de anotar las direcciones y teléfonos de personas y empresas se seguirán las siguientes reglas:

- Los nombres de las personas físicas y jurídicas se clasificarán alfabéticamente, siguiendo los mismos criterios de ordenación aplicados para el archivo.
- La dirección postal incluirá el nombre de la calle, plaza, avenida, etc., seguido del número de la casa o piso, localidad, código postal, provincia y nacionalidad, en su caso.
- También es importante anotar el NIF (Número de Identificación Fiscal) de aquellas empresas o clientes con los que se mantiene relación.
- Los números de teléfono siempre van precedidos del correspondiente prefijo.

Restaurantes

Se ha comentado anteriormente que las agendas tradicionales contienen gran variedad de información que puede resultar bastante útil a los profesionales que hacen uso de las mismas. Por ejemplo, algunas incorporan direcciones y teléfonos de **establecimientos de hostelería y restaurantes** que ayudan al personal de secretariado a realizar las reservas destinadas a sus superiores jerárquicos.

En caso contrario, el asistente a la dirección podrá anotar el nombre y dirección de aquellos restaurantes que considere más adecuados para entablar relaciones o celebrar reuniones de trabajo, o simplemente aquellos que más gusten al jefe o directivo para el que se trabaja.

Onomásticas

Muchas agendas o dietarios contienen en la página de cada día del año el santoral u **onomástica** correspondiente.

Nota

Existen muchas empresas que adoptan la costumbre de enviar tarjetas de felicitación a sus clientes el día de su santo o cumpleaños.

En las agendas electrónicas es posible incluir recordatorios de tales fechas de forma periódica.

Actividades

5. Determinar a qué sección de la agenda pertenecen las siguientes informaciones:

- **I** Mensaje breve.
- **I** Planning mensual.
- **I** Datos relativos a la contabilidad de la empresa.
- **I** Dirección de una empresa, teléfono y CIF.
- **I** Dietario.
- **I** Santoral.
- **I** Viaje programado.

3.4. Accesorios

A la hora de desarrollar este punto es preciso acudir a la clasificación de agenda que se hacía anteriormente, es decir, agenda manual, electrónica o de ordenador.

Agenda manual o tradicional

Los elementos más destacables de la agenda de trabajo manual son:

- Un calendario del año presente, anterior y posterior para planificar tareas.
- Separadores (pueden ser de colores) y marca-páginas para diferenciar las diferentes secciones que componen la agenda, facilitando así la rápida localización de alguna información o anotación.
- Apartado de teléfonos, direcciones y correos electrónicos.
- Espacio en blanco para "Notas".

Ahora bien, anteriormente se ha mencionado que las agendas manuales contienen gran variedad de información que, en ocasiones, facilita la actividad laboral del profesional de secretariado. Así, la agenda manual puede incluir información relativa a:

- Conversión de longitud, área, capacidad, volumen, peso, temperatura, velocidad y distancia entre países.
- Equivalencia entre tallas.
- Santoral.
- Nombres de los meses y días de la semana en idiomas más utilizados.
- Fechas de los principales días de fiesta en distintos países.
- Prefijos y dominios de internet de distintos países.

Agenda electrónica

Además de la posibilidad de acceso a internet y correo electrónico mencionada anteriormente, la agenda electrónica puede disponer de los siguientes accesorios:

- Conexión a un ordenador personal, utilizando un puerto USB o vía *bluetooth*. De este modo es posible transmitir todo tipo de datos entre ambos sistemas, lo que evitará perder la información almacenada en la agenda electrónica en caso de pérdida o avería.
- Teclados pequeños, que hacen más cómodo el uso de las mismas cuando se escribe.
- Altavoces, micrófonos y auriculares.
- Cámara de fotos y vídeo.
- Grabadora de voz y reproductor de sonido y vídeo.
- Navegador GPS.
- Convertidor de monedas.

Sabía que...

El término PDA (Personal Digital Assistant) se atribuye a John Sculley, quien lo utiliza por primera vez en 1992.

Ordenador

Se trata de un tipo de agenda electrónica instalada en el ordenador personal, por lo que las funciones y accesorios que ofrece son prácticamente los mismos.

Existe la posibilidad de **sincronizar** la agenda de ordenador con la agenda electrónica instalada en los dispositivos móviles. De esta forma, los contactos y calendarios almacenados en el teléfono móvil serán trasladados a la agenda del ordenador personal. Para ello es preciso instalar un *software* ubicado en el teléfono móvil.

Actividades

6. Explicar cómo se anotan los contactos (nombre y apellidos, dirección, teléfono y correo electrónico) de las personas físicas y jurídicas.
7. Enumerar cuatro o cinco accesorios de la agenda de trabajo manual o tradicional y de la agenda electrónica.

4. Gestión de agendas

El asistente a la dirección debe gestionar dos agendas: la del directivo o jefe, y la suya propia.

4.1. La agenda del directivo: la de planificación y la de control

Es preciso distinguir dos ámbitos a la hora de gestionar la agenda del directivo:

- **Tiempo personal y de ocio.** El personal de secretariado deberá administrar el tiempo dedicado a la práctica de actividades lúdicas o de descanso, *hobbies*, etc., en los términos y condiciones establecidos por el superior jerárquico, respetando en todo momento este tiempo personal, salvo en situaciones excepcionales.
- **Tiempo profesional.** El asistente a la dirección es el colaborador más inmediato del directivo. Por ello debe conocer perfectamente su horario de trabajo, ritmo biológico, preferencias y gustos, etc. Esta información será necesaria para gestionar adecuadamente viajes, citas y reuniones o eventos. Además, a la hora de planificar la agenda profesional del jefe, será preciso:

  - Conocer los objetivos que se persiguen a corto, medio y largo plazo.
  - Programar adecuadamente el desarrollo de las distintas tareas, asignando tiempos de realización realistas y concretos.
  - No invadir, salvo casos excepcionales, el tiempo necesario de dedicación a actividades personales y de ocio.
  - Tener iniciativa en la gestión. El personal de secretariado debe organizar reuniones, eventos, tareas, etc., sin consultar de forma continua con el directivo lo acertado o no de la planificación.

Una de las cualidades más apreciadas a la hora de contratar un asistente a la dirección es la discreción. Ello implica que debe poner especial cuidado en no divulgar aquella información confidencial a la que tiene acceso por razón de su trabajo. Por ello debe custodiar con la debida diligencia la agenda de la persona para la que trabaja.

Hasta ahora se ha hablado en todo momento de la **planificación** del tiempo del directivo en la agenda de trabajo. El personal de secretariado debe planificar y optimizar el tiempo de trabajo del superior jerárquico, pero al mismo tiempo, debe analizar las posibles desviaciones producidas en la planificación. La **función de control** permite detectar posibles fallos en la planificación (mala previsión de tiempo de realización de tareas, actividades planificadas en horas de bajo rendimiento, etc.) e introducir las medidas de mejora que se estimen oportunas.

 Nota

Antes de llevar a cabo la planificación de las tareas es preciso definir claramente los objetivos que se pretenden alcanzar.

4.2. La agenda del asistente

La gestión de la agenda es algo muy personal, y cada profesional lo lleva a cabo de la forma que mejor se adapta a sus características y necesidades personales. Se ha hablado anteriormente de la importancia de la planificación y programación de las tareas de cara a una adecuada gestión del tiempo de trabajo. En este sentido, algunas pautas a seguir son:

La planificación diaria, semanal o trimestral debe contener la fecha límite de realización y entrega de las tareas, así como el tiempo aproximado de realización de las mismas.

De la misma forma que no es acertado incumplir las tareas o actividades fijadas en la agenda, tampoco lo es aferrarse a la misma de forma inamovible. La planificación debe ser flexible y adaptarse a las circunstancias y exigencias del momento. Así, la proactividad y la capacidad de improvisación son cualidades necesarias en las actividades de secretariado.

4.3. Normas para el buen uso de la agenda

Como se ha dicho anteriormente, no existen reglas únicas y determinadas para gestionar la agenda de trabajo. No obstante, es conveniente adoptar las siguientes pautas de trabajo:

- Los objetivos propuestos han de ser concretos y realistas, y han de reflejarse por escrito. Posteriormente se llevará a cabo la planificación de las tareas.
- Las tareas han de estar debidamente programadas, esto es, se ha de determinar previamente el tiempo aproximado de realización de las mismas y el momento o fecha en que serán realizadas.
- Los plazos de ejecución de las actividades han de fijarse de forma espaciada, procurando dejar pequeños lapsos de tiempo entre una tarea y otra.
- A la hora de establecer horas de realización de actividades o tareas se tendrán en cuenta las horas de mayor rendimiento, tanto en la agenda personal como en la del directivo.
- La información que se registre en la agenda ha de estar redactada de forma breve y fácilmente comprensible.
- La organización de la agenda debe permitir al asistente a la dirección acceder a la información de forma rápida y sencilla.
- Es conveniente utilizar varias agendas de trabajo en función de las materias a tratar: viajes, reuniones, agenda diaria, semanal o mensual, agenda propia y agenda del directivo, etc.
- La agenda debe estar siempre a la vista y cerca del lugar de trabajo.
- La gestión y organización de la agenda de trabajo ha de llevarse a cabo de forma conjunta con el jefe o directivo. La agenda personal se adaptará a las prioridades y objetivos de la agenda del superior. En este punto la comunicación jefe-secretario es muy importante de cara a una adecuada gestión de la agenda de trabajo.

 Actividades

8. Indicar cuáles son los dos ámbitos principales en la agenda del directivo. Señalar cuál se considera más importante de cara a las funciones del secretario y explicar por qué.
9. Explicar en qué se diferencia la función de planificación de la de control en la gestión de la agenda de trabajo.
10. Redactar por escrito seis o siete normas para gestionar adecuadamente la agenda de trabajo.

5. Resumen

Existen básicamente tres tipos de agendas de trabajo: la agenda manual o tradicional, la agenda electrónica y la agenda de ordenador.

La planificación de las tareas en la agenda ha de ser diaria o semanal (corto plazo), o mensual, trimestral o anual (medio y largo plazo). En primer lugar se planificarán los planes a largo y medio plazo, y posteriormente, las actividades y tareas a corto plazo.

La sección de gestión de la agenda de trabajo incluye información relativa a mensajes, reuniones, viajes, gastos y notas.

La sección de información de las agendas contiene apartados específicos para registrar teléfonos y direcciones, clientes, restaurantes y onomásticas, entre otros.

La agenda manual puede incluir accesorios como calendarios, separadores y apartado de teléfonos, direcciones y correos electrónicos.

Los accesorios más habituales de las agendas electrónicas son: cámara de fotos, altavoces, grabadora de voz y reproductor de sonido y vídeo y navegador GPS.

La agenda del directivo puede contemplar la planificación de actividades y el control de las mismas.

La planificación de las tareas en la agenda del asistente a la dirección debe contener la programación de las mismas.

Los plazos de ejecución de las actividades han de ser realistas, procurando de este modo dejar pequeños lapsos de tiempo entre una tarea y otra.

A la hora de establecer horas de realización de actividades o tareas se tendrán en cuenta las horas de mayor rendimiento.

Es conveniente utilizar varias agendas de trabajo en función de las materias a tratar: viajes, reuniones, agenda diaria, agenda propia y agenda del directivo, etc.

Ejercicios de repaso y autoevaluación

1. Compare las ventajas de la agenda electrónica frente a la manual.

_____
_____
_____
_____
_____
_____
_____
_____

2. De las siguientes frases, indique cuál es verdadera o falsa.

    a. La agenda manual es muy usada porque impide el acceso a terceros de información confidencial.

        ☐ Verdadero
        ☐ Falso

    b. La agenda electrónica solo puede ser usada durante un año, transcurrido el cual, debe ser sustituida por otra.

        ☐ Verdadero
        ☐ Falso

    c. El recordatorio de tareas puede ser activado en la agenda electrónica.

        ☐ Verdadero
        ☐ Falso

    d. La agenda electrónica permite modificar fácilmente la actividad programada.

        ☐ Verdadero
        ☐ Falso

e. La agenda de ordenador permite que la información se transmita y comparta de forma inmediata entre distintos usuarios.

☐ Verdadero
☐ Falso

3. Complete las siguientes frases:

a. En primer lugar se determinarán los planes a _____ _ _____ plazo.

b. Posteriormente se irán planificando actividades y tareas a _____ _____ (_____ _ _____), que permitirán alcanzar los objetivos cuyo horizonte temporal sea más lejano. Las agendas que contienen aquellos asuntos que han de ser realizados día a día se denominan _____.

c. El periodo ideal de planificación en la agenda del asistente a la dirección oscila entre el ____ _ ___ _____, no siendo aconsejable planificar por periodos superiores a los ____ _____.

4. Determine qué tipo de agenda utilizaría en los siguientes casos:

a. Un joven que comienza a trabajar con un contrato en prácticas de seis meses de duración.

_____

b. Un secretario que trabaja para dos directivos a la vez, por lo que la organización y planificación de las tareas a corto y largo plazo es fundamental.

_____

c. Un periodista acude de forma diaria a ruedas de prensa y no es rápido escribiendo.

_____

d. Una administrativa que gestiona agendas con información confidencial de varias personas, y no necesita salir de la oficina para desarrollar sus tareas.

_____

5. Agrupe los siguientes conceptos con la información extraída de una agenda de trabajo:

    a. Cita.
    b. Notas.
    c. Tarea.
    d. Evento.
    e. Reunión.

    __ Ha llamado Don Manuel García Rueda. Necesita urgentemente el informe de ventas del año 2022.
    __ Elaborar el informe de ventas del primer trimestre de 2023.
    __ Día 4 de junio de 2023, a las 12:00 horas. Lugar: Hotel Andalucía.
    __ Personal del Departamento de Recursos Humanos. Día 11 de julio de 2023. De 9:00 a 12:00 horas. Elaborar planes formativos del próximo año. Dossier de empresas de formación.
    __ Día 5 de enero de 2023. Acto de inauguración de la nueva sede de Exposiciones y Congresos.

6. Determine si la información que se detalla a continuación pertenece a la sección de gestión o a la de información.

    a. Restaurantes.
    b. Notas.
    c. Clientes.
    d. Direcciones y teléfonos.
    e. Reuniones.
    f. Gastos.

7. Los separadores de colores para diferenciar diferentes secciones de la agenda, es un accesorio de...

    a. ... la agenda manual.
    b. ... la agenda electrónica.
    c. ... la agenda de ordenador.
    d. Todas las opciones son correctas.

8. La agenda electrónica permite...

    a. ... transmitir los datos a un ordenador personal.
    b. ... administrar el calendario de otras personas.
    c. ... incorporar un pequeño teclado.
    d. Todas las opciones son correctas.

9. Determine las reglas a seguir a la hora de planificar el tiempo profesional del directivo.

_____
_____
_____
_____
_____
_____
_____

10. ¿Dónde anotaría los gastos de una empresa que han de justificarse?

_____
_____

11. Describa cómo gestionaría una reunión mediante una agenda electrónica.

_____
_____
_____
_____
_____
_____
_____

12. ¿De qué forma se redactará la información en la agenda de trabajo?

_____
_____

13. **Determine el orden de las siguientes acciones a la hora de planificar las tareas en la agenda de trabajo.**

    a. Elaborar la programación de las tareas planificadas.
    b. Procurar dejar suficiente espacio de tiempo entre tarea y tarea y adecuar las mismas al reloj biológico.
    c. Determinar y plasmar por escrito los objetivos propuestos.
    d. Tener siempre a la vista la agenda de trabajo.
    e. Planificar las tareas.

14. **Complete las siguientes frases:**

    a. La organización de la agenda debe permitir al asistente a la dirección acceder a la información de forma _____ _ _____.
    b. Si existen varios asuntos o materias a tratar (viajes, reuniones, etc.), es conveniente utilizar varias _____ __ _____.
    c. La gestión y organización de la agenda de trabajo ha de llevarse a cabo de forma conjunta con __ _____ _ _____.
    d. La agenda del directivo contempla dos ámbitos diferenciados: _____ __ _____.

15. **Responda a las siguientes preguntas cortas.**

    a. ¿Cómo se denomina la función consistente en trasladar los contactos y calendarios almacenados en el teléfono móvil a la agenda del ordenador personal?

       _____

    b. ¿Qué función del directivo facilita la posibilidad de compartir calendarios de trabajo y administrar el calendario o agenda de otra persona?

       _____

    c. ¿En qué tipo de agenda pueden incluirse separadores de colores?

       _____

    d. ¿En qué tipo de agenda puede incluirse el navegador GPS?

       _____

Bibliografía

Monografías

▌ALCOCER de la Hera, C.M., MARTÍNEZ Íñigo D., RODRÍGUEZ Mazo F., DOMÍNGUEZ, R.: *Introducción a la psicología del trabajo*. Bilbao: Editorial Mc Graw Hill, 2004.

▌CORTÉS Díaz, J.M.: *Técnicas de prevención de riesgos laborales. Seguridad y salud del trabajo*. Madrid: Editorial Tébar, 2018.

▌MARTINEZ Martínez, A.: *Introducción a la economía de la empresa*. Madrid: Ediciones Pirámide, 2016.

▌MORUECO, R.: *Manual práctico de gestión y de secretariado*. Madrid: Editorial Ra-Ma, 2012.

▌GUERRERO Logroño, R. M.: *Sistemas de archivo y clasificación de documentos*. Málaga: IC Editorial, 2021.

▌VV. AA.: *Introducción a la psicología del trabajo*. Madrid: CEF, 2013.

▌VV. AA.: *La empresa ágil: métodos de trabajo en organizaciones que aprenden a adaptarse a los cambios*. Madrid: Anaya Multimedia, 2019.

Textos electrónicos, bases de datos y programas informáticos

▌Asociación Española de Normalización y Certificación, de: <https://www.aenor.com/>.

Gábilos Software, de: <https://www.gabilos.com>.

Instituto Nacional de Seguridad y Salud en el Trabajo, de: <https://www.insst.es/>.